周易文化讲论

刘大钧 主编

《周易》与中国文学

刘保贞 著

生活·讀書·新知 三联书店

Copyright © 2018 by SDX Joint Publishing Company
All Rights Reserved.

本作品版权由生活・读书・新知三联书店所有。
未经许可,不得翻印。

图书在版编目(CIP)数据

《周易》与中国文学 / 刘保贞著. ―北京:生活・读书・新知三联书店,2018.5
(周易文化讲论)
ISBN 978 – 7 – 108 – 06167 – 6

Ⅰ. ①周… Ⅱ. ①刘… Ⅲ. ①《周易》- 研究 Ⅳ.
①B221.5

中国版本图书馆 CIP 数据核字(2018)第 015934 号

责任编辑	韩瑞华
封面设计	刘　俊
责任印制	黄雪明
出版发行	生活・讀書・新知 三联书店
	(北京市东城区美术馆东街 22 号)
邮　　编	100010
印　　刷	四川省南方印务有限公司
排　　版	成都勤慧彩色制版印务有限公司
版　　次	2018 年 5 月第 1 版
	2018 年 5 月第 1 次印刷
开　　本	185 毫米×130 毫米　1/32　印张　4.625
字　　数	57 千字
定　　价	19.00 元

总　序

一百余年前，以天朝自诩的清朝政府，经鸦片战争至甲午海战，每战必败，接之而来的是割地赔款，签订不平等条约。面对国运多舛、国人受侮，当时先进的知识分子在激愤之下，错误地将矛头对准以儒家为核心的中国传统文化，一时极尽羞辱之能事。如时人吴稚晖提出要把"国故"丢到"茅厕"里，而钱玄同等一众学者要求全面废除汉字。如此种种，千年"斯文"此时似乎真要"扫地"矣。且此种批判风气蔓延至学术研究领域，学者治学也多受此情绪影响，因而失去作为学者对学术研究的客观与公正的态度。以

《周易》为例,为否定孔子与《周易》的关系,对《论语》中孔子"加我数年,五十以学《易》,可以无大过矣"一语,利用《鲁论》之"易"为"亦"字,改句读为"加我数年,五十以学,亦可以无大过矣",证明孔子与《易》根本没有关系。为证明《周易》晚出,宣称《左传》中的占筮资料是刘歆割裂《师春》插入其中的伪作。20世纪40年代,更有人注疏《周易》经文,对《周易》经文中六十四卦前所标注的六十四卦卦象,对《易传》所云"易者,象也;象也者,像也"等有关易象的重要论述,皆全然不理。在不做任何学理论证的情况下,将由春秋战国延续至两汉魏晋的象数易学研究成果全部弃之不用,而纯以文字训诂解《易》。因为此种解释离开了"观象系辞"的宗旨,且古时字少,一字可与多字通假,因而使其训诂之解变成了一根"点石成金"的魔术棒,如解《易》之"亢龙有悔"为"沉龙有悔",解"有孚惠心"之"孚"为俘虏等。此种论说早已不是平和客观的研究,更兼之对《周易》

经文常以己意随便改动。古人著书是为存史，今人却如此迂曲以否定之，真可谓"尽不信书则不如无书"也。这些以反传统自居的人，固然以激昂的斗志示人，但其内心，却是作为中国人面对积贫积弱现实的深深的文化自卑。也正是这种文化自卑心理，使当时顶尖级的学者不敢确认中国文化的长度和高度，弃典籍而"疑古过勇"。新文化运动对现代中国的文化转型虽然起到了积极的作用，但在约一个多甲子的时间里，传统文化还是受到很大冲击，尤其是经学研究，多被贴上负面标签，处于文化边缘。

《易传·序卦》曰："物不可以终尽剥，穷上反下，故受之以复。"万事万物在最低潮之时，往往孕育着崛起的曙光。在20世纪最后三十年，传统文化终于迎来了其否泰运转之数。20世纪70年代前后，随着"亚洲四小龙"的崛起，部分国人发现由儒家文化传统一样能开发出现代文明，实现富国强兵。因而由70年代末至80年代，中国传统文化开始复兴，学者们重新认识与评价孔子，开辟学术园地，研究传统经典，在"果行育德"中宣讲中国传统文化。当此"屯起"之时，参与其中的学者们多有"致命遂志"之信念，怀着对传统文化的自觉与自信，承担起学人们的历史使命。在"君子以经纶"的求索中，逐渐有了中国传统文化全面复兴的良好形势。到90年代，随着学术队伍的壮大、民间人士的响应，传统文化的发展成为一种潮流，从20世纪初至六七十年代，一直被不屑、被轻视、被批判的古老"国学"竟重新"流行"！其实，传统文化复兴的根本原因，还是随着改革开放而形成的经济发展与国运昌盛。中华民族在崛起中汲取了传统文化的德性营养，进而随着国力的全面提升，民族自信和文化自信亦一步步恢复，人们对"疑古过勇"者的批判愈加明确，也愈加要求优秀传统文化参与国家和民族的崛起，实现文化层面的民族自信。故近年来传统文化重新走向庙堂，并成为中国特色社会主义文化的源泉，成为中国文化自信的根基。

历经百余年的波折，现在我们对于传统文化，已经有了比较成熟的态度。一方面，传统文化决不可丢弃，而应努力弘扬。《易·贲卦·象传》云："观乎天文，以察时变；观乎人文，以化成天下。"文化与天下相系，何其重要！而现代文明体系中的民族与国家，也都是以各自文化为根本标志，传统文化是一个国家与民族的灵魂。若我们当真"全盘西化"，抛弃传统，则何以能名为"中国人"与"中华民族"？民国初年部分人的文化自卑心态，其根本原因是出于知识分子对国家贫弱的痛心与激愤，但历史的发展已经澄清，贫弱或富强绝不能简单地与中西文化之优劣画等号。因此，我们应怀着骄傲，确立我们的民族文化自信，更加努力地传承与弘扬优秀传统文化，以助力国家的全面复兴与强大。另一方面，承继传统文化绝不意味着固守。全然守旧的老路是走不通的，对传统文化要进行深入的研究，批判剔除其中的消极内容；同时应着眼现代文明，结合当前现实，努力由"旧识"开出"新知"。《诗·大雅·文王》云："周虽旧邦，其命维新。"冯友兰先生尝引之以期许国家的前途,而此亦是我们对中国传统文化的期许。在传统文化中,《周易》兼有源头与总括的性质。《周易》是中国最古老的典籍之一,它极天地之渊蕴,究人事之终始,开中国文化之源,影响了先秦诸子与历代学术思想。《周易》又是中国文化的最高典籍,两汉时为群经之首,魏晋时为三玄之冠,宋明时为理学之基;迄于近代,亦是中国学术转型的重要根据。近代著名学者,如熊十力、马一浮等先生,俱以大易为最高旨归,而致力于开辟当代新学。《周易》还关涉中国古代的一切文化现象,正如《四库全书总目提要》所总结的:"易道广大,无所不包,旁及天文、地理、乐律、兵法、韵学、算术,以逮方外之炉火,皆可援易以为说。"更为突出的是,《周易》文化在海外有很大的影响,如莱布尼茨、荣格等西方学者胥受《易》之影响进而推崇《周易》,而韩国则径取太极八卦之象作为国旗。一言以蔽之,《周易》是中国优秀传统文化中的璀璨代表,在世界文化中占有重要地位,自古至今都有其独特的魅力与重要的影响，我们应下大力气继承与弘扬。

"周易文化讲论"丛书的策划，是受国家汉办前主任许琳的嘱托，她说：一门学问的研究，深入不容易，浅出往往更难，你们能不能用当代人的视角，以显明易懂的文字，对《周易》中当前人们关注的基本精神和核心内容，向读者做一个介绍？为此，经反复讨论，我们既着眼于《周易》文化的传承与弘扬，又针对当下之文化关切，选取了十个主题对《周易》文化进行讲解。"周易文化讲论"丛书包括了三个部分的内容：

第一，总论一讲。"《周易》与中国文化"一题中，作者系统梳理了《周易》的基本精神、核心内容与主要特质；并由《易》与儒释道的关系，确认《周易》在中国传统文化中的重要地位。另外，作者又从中国文化的总体视野入手，简明扼要地介绍了《易》与中医、气功、天文气象、风水术、音乐、兵学、音韵学、数学、炼丹术等传统文化的密切关系，展现了《周易》的文化广度。

由此总论一讲，读者可了解《周易》文化的整体样貌，更可管窥《周易》作为大道之源，对中国传统文化各领域无所不包的全面影响。

第二，跨文化领域五讲。我们选取近年来人们关心的五个主题，以不同文化领域之视角，详说易道之流行。"《周易》与养生"一题中，作者分析了《周易》阴阳、气论、感通等思想对中国养生学的重要影响；并以气功等实际功法为例，具体展现了两者之间的深刻联系。更为重要的是，作者于最后一章论《周易》与哲理养生，根据《周易》中的快乐主义、诗意生活、道德修养等，提出由生命境界的提升、由养神来养生的观点。结合现实来看，随着生活水平提高、人口老龄化加速，当前养生越来越受到国人的重视，运动、食疗等养生方法非常流行；但养生不仅是养身，更是养心、养神，人们往往不太重视生命境界的提升。故本讲所论，哲理养生是中国养生学的根本特色所在，是最重要的养生方法，实极有现实意义。"易学与中国建筑"一题中，作者由中国古代的城市兴建、宫殿建设、礼制建筑、民间建筑、宗教建筑等五种建筑类型，图文并茂地举例，探讨了其中所应用的《周易》之象、数、理等内容。书中所举之例，既包括隋代大兴城、唐代洛阳明堂等仅载于古书的建筑，又有新疆特克斯八卦城、北京故宫等仍保存完好的建筑。通过本书，读者可由《易》之视野，领略到这些建筑不同的魅力。另外，《周易》所论三才之道、天人合一等思维，在当今世界范围内均突显出其价值。故现代建筑学中，也越来越重视以《周易》为代表的传统文化理念。可以预见，《周易》与中国建筑的联系在未来将会更加密切。"《周易》与儒学"一题中，作者详细考辨了孔子读《易》、赞《易》之事；勾勒了儒学与《周易》两者之间相互影响、相辅相成、交相辉映，最后融为一体的历程；同时爬梳了孟子以降的历代儒学与易学之源流。"《周易》与中国文学"一题中，作者首先确认《周易》经传的文学性，确认《周易》本身就是一部优秀的先秦文学作品；进而从文学创作出发，梳理历代文学作品中对《周易》的广泛引用;又从文学批评出发,分析了《周易》哲学对中国文学理论的深刻影响。值得一提的是,作者在当代文学部分,用了相当篇幅介绍金庸武侠小说与《易》的关系。对金庸所用到的武功名称、招式名称、武术思想等,进行了较为细致的分析,揭示了其背后的易学理论。通过对当代流行元素的关切,极大增强了全书的可读性与趣味性。读史释《易》,向来是一个讲《易》的传统命题。"《周易》与史学"一题中,作者一方面由《易》观史,梳理《周易》经传中的历史故事与社会史资料,分析《周易》哲学对中国史学的影响;一方面由史观《易》,梳理史书中的易学资料与易学家,并举例探讨了历代史学大家的史学与易学思想。按易学与史学,自古至今联系密切:在古代突出表现为"以史治易",古人常常用历史故事来注解《周易》,以参证《易》之思想,故有史事宗之易学;在近现代则突出表现为以《易》治史,一批学者受新史学影响,鼓吹"六经皆史料",热衷于在《周易》经传中考察古代历史故事与社会史资料,取得了一些成绩。读者通过本书,当可大体了解史学与易学的深厚渊源。

第三,《周易》文化自身四讲。我们选取四个主题,由不同角度,详说《周易》文化自身的丰富内涵。"《周易》智慧"一题中,作者从具体卦爻出发,深入卦爻所象征的宇宙时空之具体情境,揭示个体生命在不同"时"中当效法取用的处世智慧。通过本讲,读者一方面可了解践行这些处世智慧,一方面可学习《周易》经传的解读方法。更为重要的是,作者针对人人皆身处祸福的考验与纠缠之中、关注命运而祈福避祸的现实,撰"吉凶之间求福避祸"一章,介绍《周易》预测吉凶悔吝、指导趋吉避凶的方法,介绍中国古代理性务实、不信仰鬼神的选择,介绍孔子阐发易理、观《周易》德义之道的方向。现实社会中,人们的生活节奏很快,经常身处多种选择、祸福不定的境遇之中,故而热切地希望管窥自己的命运。作者此章所介绍求福避祸、德义之道等关于命运的智慧，对读者思考命运问题、提升自我的生活质量，当有启发意义。"《周易》与人和之道"一题中，作者针对"和谐"的时代主题，由《同人》《睽》两卦，阐发《周易》所揭示的人际和谐之理想和原则；进而由具体的夫妇、父子、朋友、上下之关系入手，阐发《周易》中的和谐智慧。作者尤其详细考察了《周易》关于君民和谐的论述，深度发掘其中的民本思想，颇有新意，且对政治实践有一定的借鉴意义。"《周易》的思维方式"一题中，作者以现代文明与中西比较之视域，贯通《周易》经传，探讨《周易》中的思维方式：从内容上讲，有阴阳和谐、广业利世、应时鼎革等思维；从形式上讲，有形象、运数、直觉、逻辑、辩证等思维。通过"思维"这一当代学术的角度，展现了《周易》文化的鲜明特征和独特魅力，也展现出中国文化的特色。其中，作者探讨广业利世之思维，认为《周易》德与业并提、义与利并重，推崇"修业""广业""大业"，主张"利者，义之和""利物足以和义"。

这对于我们纠正易学史中对广业利世的轻视,全面了解易学思想有一定的价值。"易学简史"一题中,作者以古代易学发展历史为主要线索,对各时期易学的主要派别、人物、学说进行介绍,勾勒出了易学发展的基本轮廓和大致格局。此讲可为读者阅读本套丛书,提供必要的易学基础。总之,《系辞传》赞易"广矣大矣",由以上十题涉及之内容,亦可见一斑也。

鄙人认为,"周易文化讲论"丛书整体而言有以下几点特色:其一,多能本于新资料,介绍学术前沿,以匡正前人之偏失。如前文提到民国以来否定孔子与《易》之关系的疑古学说影响甚大,故"周易文化讲论"丛书在多处介绍了学界对于孔子与《易》关系问题的新结论。马王堆帛书《易传》的出土为此问题提供了极为珍贵的资料,其《要》篇载有孔子读《易》"居则在席,行则在橐"的情状,显然孔子不可能与《易》无关。在帛书《易传》中,孔子对自己的易学思想有充分的自觉,强调其真正重视的是"观其德义"的道德之途，而与史巫不同；孔子"德义"之途的思想，正与《易传》的主旨一致，故学界多确认《易传》是"孔子及其后学阐释和发挥《周易》古经而成"。这些材料与结论，可直接廓清民国以来否认孔子读《易》赞《易》的疑古风气，对于我们追溯文化脉络、挺立文化自信至关重要。其二，由现代文明之视域，尝试赋予《周易》文化以契合当下现实的解说。如丛书中反复论说《周易》中"德"之重要性，尤其由《中孚》卦、由孚信之义，可见《周易》对为人处世中"诚信"道德的重视。"周易文化讲论"丛书对传统易理的这一解释与强调，实有重要现实意义：市场经济是现代文明的重要特征，改革开放后，在商品经济浪潮中，不少人功利心太过，唯利是图，完全丢掉了诚信观念，丢掉了道德意识，甚至不惜违法。圣人云"君子忧道不忧贫"，真正的君子先存道后谋利，但在我们周围，这样的君子实在太少！我们热切希望读者中能有更多诚信守道之君子，从而扭转当下偏失的社会风气。其三，作为面向大众的文化读物,"周易文化讲论"丛书注意行文之通俗,避免艰涩深奥之辞,以适合文化的普及功用。

总之,本套"周易文化讲论"丛书兼备前沿性、时代性、通俗性等特点,我们希冀其在《周易》与中国传统文化的继承与弘扬方面,能发挥出一定价值。因为《周易》一书中包含的深奥易理和精微哲思,使其成为一部"书不尽言,言不尽意"之书,因而它凭借八卦与六十四卦卦象,"立象以尽意,设卦以尽情伪"。我们这套丛书所展示的,只是近三十余年来人们从现代文化的视角出发,贯通、探讨的《周易》经传中的人生智慧与思维方式。相信再过三十年,乃至一百年、二百年,随着我们生活内容的日益丰富与文化境界的不断提高,人们在岁月的流逝中将通过各种外显的八卦符号与内应的五行生克机理,寻求认识世界与把握世界的新方式。因而,《周易》将成为人们认识与改造世界、丰富自身文化发展的永恒研究母题与研究主题。而类似今日我们阐释

《周易》的这种丛书，今后将被一代又一代的后人不断推出，从而成为人们不断总结过去、改变现在、瞻视未来的创新动力。

本序之作，恰逢党的十九大胜利召开。十九大报告对文化非常重视，提出要"增强文化自信""文化自信是一个国家、一个民族发展中更基本、更深沉、更持久的力量"，要"推动中华优秀传统文化创造性转化、创新性发展"。我们当初设计这套丛书的想法，正响应了十九大报告的新思维，这使我们甚感欣慰，故略呈拙文如上，是以为序。

刘大钧

丁酉年小雪于运乾书斋

目 录

导 言…1

第一章 作为文学作品的《周易》…7
  一、卦爻辞句式可与《诗经》相媲美…9
  二、体裁多变的《易传》是中国千古文章之祖…18

第二章 源自《周易》的成语…28
  一、不速之客…29
  二、义结金兰…36

第三章 《周易》与中国文学的创作…43
  一、《左传》《国语》与《周易》…45
  二、汉代文学创作与《周易》…51

三、魏晋、唐宋时期的文学创作与《周易》…64

四、元明清时期的文学创作与《周易》…72

  （一）《周易》之名小旨大与《桃花扇》的因小喻大…77

  （二）《周易》之方以类聚的分类思想与《桃花扇》的人物设置和情节安排…78

  （三）《周易·明夷》卦卦义与《桃花扇》剧旨…80

五、现当代文学的创作与《周易》…81

  （一）金庸武侠小说与《周易》…81

  （二）流行歌曲《卜卦》中的《周易》…101

第四章 《周易》的哲学思想是中国文学批评理论的滥觞…110

一、《周易》与中国文论经典《文心雕龙》的创作…110

二、"立象以尽意"的创作方法为中国文人所推崇…115

三、从绘画理论中反观中国文论对"意境"的追求…122

结　语…129

导　言

《周易》本是一本算卦的书，但经过孔子等圣人先贤的创造性诠释，赋予了儒家对天地、人生的感悟，于是《周易》就涵涉了两个层面的内容：一是卜筮的层面，一是哲理的层面。这两个层面在《周易》流传的过程中又相互影响，在中国历史上形成了众多的易学流派，纪昀在《四库全书总目提要》中总结说：

> 《左传》所记诸占，盖犹太卜之遗法。汉儒言象数，去古未远也。一变而为京、焦，入于禨祥，再变而为陈、邵，务穷造化，

《易》遂不切于民用。王弼尽黜象数，说以老庄。一变而胡瑗、程子，始阐明儒理，再变而李光、杨万里，又参证史事，《易》遂日启其论端。此两派六宗，已互相攻驳。又《易》道广大，无所不包，旁及天文、地理、乐律、兵法、韵学、算术以逮方外之炉火，皆可援《易》以为说，而好异者又援以入《易》，故《易》说愈繁。

纪昀的这个总结非常到位，他一方面概括了易学发展演变的历程及各时代的易学特点，同时又指明了易学影响了中国人生活的方方面面。

可以毫不夸张地说，和中国古代其他经典相比，《周易》在中国人，甚至中国周边的韩、日、越、泰等汉文化圈人的心目中，都占据着"龙头老大"的位置。《周易》"五经之首""大道之源"的美誉是有事实依据的，仅就其对中国文学的影响，就可一斑窥豹。

文学是如何起源的？这在世界文艺理论界一

直是个争论不休的问题。巫术说、游戏说、心灵表现说、模仿说，意见纷陈。就中国文学的起源来说，鲁迅先生就有"杭育杭育派"的劳动号子说。《吴越春秋》里记载的上古《弹歌》"断竹，续竹；飞土，逐宍"八字狩猎歌谣，大概是中国比较早的口头文学作品了。

此后，随着文字的产生、社会的进步、文化的发展，文学也一步步地发展壮大起来，形成了一条内容不断丰富、体裁不断出新、绵延几千年的文学长河。就文学发展的延续性来说，中国文学几千年来从未断绝，这在世界上也是独一无二的。从文学的发展角度，人们一般把中国文学分成先秦、两汉、魏晋南北朝、隋唐两宋、元明清、现当代文学等几个阶段，每个阶段都有独领风骚的体裁和著名文学家。

先秦文学在某种程度上来说就是经传诸子之学，被后世儒家尊为经典的《诗经》《尚书》《礼》（包括《周礼》《仪礼》《礼记》）、《乐》（后来文本失传了）、《易》《春秋》（后有三种诠释性的著作《左传》《公羊传》《穀梁传》,并称《春秋》三传)以及儒家、道家、法家、墨家、阴阳家、纵横家、小说家、杂家、农家等诸子著作(另外屈原又被尊称为屈子,其《离骚》《九歌》等楚辞作品,也可称为百家中的一家),流派纷呈,形成了百花齐放、百家争鸣的文学昌盛时代。这些著作所表达的思想观念,尤其是儒道两家的思想观念,深深地影响了中国人的世界观、人生观、价值观,左右着中国人的思维方式,也决定着中国文学的发展方向。此后中国文学的各种体裁,都可以在这里找到源头。

两汉文学以司马迁的《史记》、班固的《汉书》等史传文学,司马相如、扬雄、张衡等的大赋,贾谊、晁错等的政论性散文为代表。司马迁的《史记》以"不虚美,不隐恶"的"实录"精神,记述了我国上自传说中的黄帝、下至汉武帝时代的三千年间的历史,被鲁迅誉为"史家之绝唱,无韵之《离骚》"。另外,汉乐府民歌是继《诗经》、"楚辞"之后,我国诗歌发展的第三个重要阶段。

魏晋南北朝是中国文学走向自觉的时代,其主要文学成就是诗歌,以建安时期的曹操、曹植、曹丕为代表。三曹以悲凉慷慨、刚健有力的创作风格,被后人称为"建安风骨"或"建安风力"。山水诗人谢灵运、田园诗人陶渊明、嫉世诗人鲍照等,在诗歌创作上也取得了杰出的成绩。注重华丽辞藻的骈文也曾经风行一时。小说在这一时期也开始兴盛起来,干宝的志怪小说《搜神记》和刘义庆记载时人轶事的《世说新语》为这方面的代表。文学理论和文学批评在这一时期也空前地繁荣,曹丕的《典论·论文》、陆机的《文赋》、挚虞的《文章流别论》、锺嵘的《诗品》等是这方面的重要著作。刘勰的《文心雕龙》更是文论中的翘楚,对中国文学的发展产生了深远的影响。

隋唐两宋,文人辈出,佳作纷呈。唐诗宋词,登峰造极,李白、杜甫、白居易、苏轼、陆游、辛弃疾,诗词大家数不胜数。韩愈、柳宗元、苏轼、苏洵、苏辙、王安石、曾巩、欧阳修——古文八大家,把散文创作也推向了极致。

元明清文学则是戏曲和小说的天下,关汉卿、马致远、王实甫、汤显祖等创作的戏曲,支撑了梨园界数百年的繁荣。四大名著《三国演义》《水浒传》《西游记》《红楼梦》,影响了一代又一代的百姓大众。

对于现当代文学,20世纪60年代前的人们大概记着的是革命小说,七八十年代的人们很多被琼瑶的言情小说和金庸的武侠小说迷倒过,而不同年龄阶段内心深处熟记的一定是那一波又一波、各领风骚三五年的流行歌曲了。

而在这些不同时期、不同体裁的文学作品中,我们都可看到《周易》的身影,体会到《周易》的气息。概括起来,可以说《周易》在中国文学创作实践和文学理论方面留下了深深的迹印。

第一章 作为文学作品的《周易》

《周易》包括《周易》古经和《易传》两部分。

《周易》古经是一部预测吉凶的卜筮之书,但它与作为占卜记录的甲骨卜辞已是大不同。《周易》卦爻辞的文字内容很大部分是描述"象占"(或称之为"物占")的,即根据某种现象判断它所预示的吉凶。基于此,它就不能再像甲骨卜辞那样只是对"某日某人占问某事、结果如何"做一简单记录,而是要用丰富多变的语言,描述纷繁多样的世间万象。

《易传》是解释《周易》古经的,从不同的

侧面对《周易》古经的产生、功能、用法等做出了解释。《易传》共有七种十篇,即所谓的"十翼"(像翅膀一样辅助《周易》古经),出自众人之手。大多数的学者认为它是战国时期由不同时间、不同流派的易学家撰成的,因而它的内容庞杂,风格多样。

关于《周易》的成书过程,《汉书·艺文志》说:

> 易道深矣,人更三圣,世历三古。

"三圣"是指画八卦的伏羲、演《周易》的文王和为《周易》作《传》的孔子。"三古"就是指"三圣"各自所处的时代:上古、中古和下古。

作为一部"人更三圣,事历三古"的古代著作,可以说,《周易》自身就是一部很好的文学作品。

伏羲

一、卦爻辞句式可与《诗经》相媲美

《周易》卦爻辞的句式多变,有一字句、二字

句、三字句、四字句等,虽然简短,但简而不浅,内涵丰富。特别是在叙事时,非常注意细节的描述,如《中孚·六三》:

得敌,或鼓,或罢,或泣,或歌。

意即战胜敌人后,士兵们有的兴奋地敲鼓欢庆,有的疲惫不堪地躺在地上,有的在为失去战友哭泣,有的在高歌庆祝。只用十个字就描绘了一幅胜利后的士兵情态图,形态各异,生动形象。

再如《震》卦卦辞:

震来虩虩,笑言哑哑。震惊百里,不丧匕鬯。

用整齐划一的四字句描述了一场盛大的祭祀场景:祭祀开始前,突然传来了隆隆的雷声,但主祭人谈笑自若,一点也不惊慌,仪式照常进行。仪式进行当中,雷声更大了,巨雷滚滚,声震百里,但主祭人沉稳镇静，献肉敬酒，有条不紊，酒肉一点都没洒落。

这里用夸张的语气歌颂了祭祀的主祭者，目的是要说明，由这样沉稳干练的人做侯做王，国家一定会治理得很好。

文王

卦爻辞中还运用了对偶、排比、叠音等修辞手段，大大增强了《周易》的文学性。

对偶的卦爻辞如：

《屯·上六》："乘马班如，泣血涟如。"
《师·六五》："长子帅师，弟子舆尸。"
《家人·九三》："家人嗃嗃……妇子嘻嘻。"
《艮》卦辞："艮其背，不获其身；行其庭，不见其人。"
《归妹·上六》："女承筐，无实；士刲羊，无血。"

排比这一修辞现象主要表现在一卦内部，如：《需》卦：

初九：需于郊。利用恒，无咎。
九二：需于沙。小有言，终吉。
九三：需于泥，致寇至。

六四：需于血，出自穴。

九五：需于酒食，贞吉。

《临》卦：

初九：咸临，贞吉。

九二：咸临，吉无不利。

六三：甘临，无攸利。既忧之，无咎。

六四：至临，无咎。

六五：知临，大君之宜，吉。

上六：敦临，吉无咎。

《咸》卦：

初六：咸其拇。

六二：咸其腓，凶，居吉。

九三：咸其股，执其随，往吝。

九四：贞吉悔亡，憧憧往来，朋从尔思。

九五：咸其脢，无悔。

上六：咸其辅颊舌。

叠音词的运用则使卦爻辞的语句更加活泼，如：

君子终日乾乾。（《乾·九三》）
翩翩不富。（《泰·六四》）
履道坦坦。（《履·九二》）
谦谦君子。（《谦·初六》）
家人嗃嗃……妇子嘻嘻。（《家人·九三》）
来徐徐。（《困·九四》）
君子夬夬独行。（《夬·九三》）
苋陆夬夬中行。（《夬·九五》）
旅琐琐。（《旅·初六》）
憧憧往来。（《咸·九四》）
虎视眈眈，其欲逐逐。（《颐·六四》）

特别是《震》卦，此卦中反复使用叠音词：

震来虩虩，笑言哑哑。震惊百里，不丧匕鬯。

初九，震来虩虩，后笑言哑哑，吉。

六三，震苏苏，震行无眚。

上六，震索索，视矍矍。

卦爻辞中还有"不少短歌。尽管它们异常简短，少者只有两句，多者不过六句，但都是韵律和谐，节拍清晰，而且多是句法整齐，可以咏唱"①。如《中孚·九二》：

鸣鹤在阴，其子和之。我有好爵，吾与尔靡之。

这里描写的是：在清爽的背阴处，一只鹤在高声鸣叫，召唤它的伴侣（"子"在古汉语里是个多义字，可以指子女，也可以指配偶）过去和它分

---

① 高亨：《周易杂论》，齐鲁书社，1979年，第63页。

享。我有一坛美酒（好爵，好酒。爵是中国古代的一种酒杯，这里指代酒），我和你一起干一杯。这里用到了可与西方《荷马史诗》相媲美的中国最古老的诗歌总集《诗经》里常用的"兴"的表现手法。

所谓"兴"，就是先说出一件事，以此为引子，引出诗人要表达的中心思想。也就是说，前两句只是一个报幕的，后两句才是主角出场。这条爻辞就是以鸣鹤的唱和起兴，引出诗人与朋友纵情畅饮时的欢快心情。全诗四句，每句两个音节，节奏鲜明，韵律和谐。《诗经》中有一篇抒情名作《鹿鸣》（我们的女科学家、诺贝尔奖获得者屠呦呦的名字就是从这首诗来的），也是写欢宴亲友的，其中的一节是这样写的：

呦呦鹿鸣，食野之芩。
我有嘉宾，鼓瑟鼓琴。
鼓瑟鼓琴，和乐且湛。
我有旨酒，以燕乐嘉宾之心。

这节诗以"呦呦鹿鸣,食野之芩"起兴,可以说和《中孚》爻辞有异曲同工之妙。

《明夷》卦的初九爻辞,也是一首采用"兴"的表现手法的诗歌,它描述的是古人生活的另一个侧面,这个侧面和上面的《中孚》爻辞相比,则显得有些灰暗、低调。这条爻辞是:

> 明夷于飞,垂其(左)翼。君子于行,三日不食。

它的意思是说:明夷鸟(这种鸟现在的名称到底是什么,有多种说法,迄今无定论)在天空盘旋,左翅膀在下(右翅膀在上),出现这种现象,预示着君子出外旅行,将会碰到困难,三天吃不上饭。

《诗经》中也有类似的诗句,如:

> 鸿雁于飞,肃肃其羽。之子于征,劬劳于野。(《鸿雁》)
> 燕燕于飞,差池其羽。之子于归,远送

于野。(《燕燕》)

雄雉于飞，泄泄其羽。我之怀矣，自诒伊阻。(《雄雉》)

仓庚于飞，熠耀其羽。之子于归，皇驳其马。(《东山》)

这几首诗不仅思想内容相类，表现手法相同，而且连遣词造句、用韵都十分相似。

二、体裁多变的《易传》是中国千古文章之祖

《易传》中有正面阐述易学观点，可和先秦诸子相媲美的政论体，如《文言传》：

元者，善之长也，亨者，嘉之会也。利者，义之和也。贞者，事之干也。君子体仁

足以长人,嘉会足以合礼,利物足以和义,贞固足以干事。君子行此四德者,故曰乾元亨利贞。

"九五曰,飞龙在天,利见大人,何谓也?"子曰:"同声相应,同气相求。水流湿,火就燥,云从龙,风从虎,圣人作而万物睹。本乎天者亲上,本乎地者亲下,则各从其类也。"

又如《系辞传》:

天尊地卑,乾坤定矣。卑高以陈,贵贱位矣。动静有常,刚柔断矣。方以类聚,物以群分,吉凶生矣。在天成象,在地成形,变化见矣。是故刚柔相摩,八卦相荡。鼓之以雷霆,润之以风雨。日月运行,一寒一暑。乾道成男,坤道成女。乾知大始,坤作成物。乾以易知,坤以简能。易则易知,简则易从。易知则有亲,易从则有功。有亲则可久,有功则可大。可久则贤人之德，可大则贤人之业。易简而天下之理得矣。天下之理得，而成位乎其中矣。

此章用简洁的语言、整齐的句式、层层推进的方式阐述了《周易》基本原理的"天道"依据。

刘勰在《文心雕龙》中就称赞说：

《易》之《文》《系》，圣人之妙思也。序《乾》四德，则句句相衔；龙虎类感，则字字相俪；乾坤易简，则宛转相承；日月往来，则隔行悬合。虽句字或殊，而偶意一也。（《文心雕龙·丽辞》）

意思是说，《易经》中的《文言》《系辞》，是圣人精心构思而创作的。它在叙述《乾》卦的元、亨、利、贞"四德"时，一环扣一环，句句相衔接；讲到"云从龙，风从虎"这种同类互相感应的道理时，运用的则是字字都相对的骈体文；讲到天地之间的大道是简要平易时，运用的又是婉转曲折、层层递进的论述方式；说到日月运行、阴阳变化这类的道理时，运用的句式则是隔行隔句遥相对仗。虽然这些句子的字数不一样，但尽力构成修辞上的对偶的用意是显而易见的。

《易传》中也有一问一答的句式，相当于《论语》的问答体，如《文言传》：

"初九曰'潜龙勿用'，何谓也？"子曰："龙德而隐者也，不易乎世，不成乎名，遁世无闷，不见是而无闷，乐则行之，忧则违之，确乎其不可拔，潜龙也。"

"九二曰'见龙在田，利见大人'，何谓也？"子曰："龙德而正中者也。庸言之信，庸行之谨。闲邪存其诚，善世而不伐，德博而化。《易》曰：'见龙在田，利见大人。'君德也。"

再如《系辞》：

孔子像

"鸣鹤在阴,其子和之。我有好爵,吾与尔靡之。"子曰:"君子居其室,出其言善,则千里之外应之,况其迩者乎?居其室,出其言不善,则千里之外违之,况其迩者乎?言出乎身,加乎民;行发乎迩,见乎远。言行,君子之枢机。枢机之发,荣辱之主也。言行,君子之所以动乎天地也。可不慎乎?"

我们可以把它们和《论语》作一对比:

哀公问曰:"何为则民服?"孔子对曰:"举直错诸枉,则民服;举枉错诸直,则民不服。"

季康子问:"使民敬忠以劝,如之何?"子曰:"临之以庄则敬,孝慈则忠,举善而教不能则劝。"

或谓孔子曰:"子奚不为政?"子曰:"《书》云:孝乎!惟孝友于兄弟,施于有政。是亦为政。奚其为为政!"(《为政》)

通过对比可以发现,二者都是通过一问一答的形式,用简洁整齐的语言讲述修身、治国的大道理的。而且,二者的"子"应该都是指孔子。因为《论语》大多记载的是孔子与弟子的问答语录,《易传》也相传是孔子所作（这个传统说法虽不一定完全准确，但至少是其中应记载了许多孔子论《易》的语录，特别是这里面的"子曰"部分）。

《易传》中还有简洁明了的叙述体，如《说卦》中记述的八卦之象：

> 乾为天，为圜，为君，为父，为玉，为金，为寒，为冰，为大赤，为良马，为老马，为瘠马，为驳马，为木果。坤为地，为母，为布，为釜，为吝啬，为均，为子母牛，为大舆，为文，为众，为柄，其于地也为黑。

黄黎星先生罗列出了《文言传》中许多堪为文章修辞之典范的文辞：

> 不易乎世，不成乎名。
> 乐则行之，忧则违之。
> 庸言之信，庸行之谨。
> 知至至之，可与言几也；知终终之，可

与存义也。

居上位而不骄，在下位而不忧。

上下无常，非为邪也；进退无恒，非离群也。

潜龙勿用，阳气潜藏；见龙在田，天下文明；终日乾乾，与时偕行；或跃在渊，乾道乃革；飞龙在天，乃位乎天德；亢龙有悔，与时偕极；乾元用九，乃见天则。

刚健中正，纯粹精也；六爻发挥，旁通情也；时乘六龙，以御天也；云行雨施，天下平也。

学以聚之，问以辩之，宽以居之，仁以行之。

与天地合其德，与日月合其明，与四时合其序，与鬼神合其吉凶；先天而天弗违，后天而奉天时。

积善之家必有余庆，积不善之家必有余殃。

敬以直内，义以方外。

天地变化，草木蕃；天地闭，贤人隐。

君子黄中通理，正位居体，美在其中，而畅于四支，发于事业，美之至也！

黄先生总结说：

> 这些文辞，所运用的骈偶、排比、顶真、贯穿、谐韵等丰富多彩的修辞手法，都运用得相当圆熟，可谓文字精练，对仗工稳，韵律天成，意象优美，诵读起来，真有"大珠小珠落玉盘"之美感。顺便提及，《文言传》中的辞句，还被后人凝缩为成语，如"乐行忧违""修辞立诚""云龙风虎""学聚问辩""积善庆余""黄中通理"等，广为流传运用。①

清代学者阮元说：

---

① 黄黎星：《〈文言传〉：千古文章之祖》，《淮阴师范学院学报》2010年第2期。

孔子《文言》，实为万世文章之祖。此篇奇偶相生，音韵相和，如青白之成文，如《咸》《韶》之合节，非清言质说者比也，非振笔纵书者比也，非佶屈涩语者比也。①

就整个《易传》而言，其多变的体裁、丰富的表现手法、优美的文辞都为后世文人所效法，对中国文学的发展产生了深远的影响。所以刘勰在《文心雕龙·宗经》中说：

故论、说、辞、序，则《易》统其首。

意即议论、述说、辞赋、序跋这些文体，都是效法《周易》而来。颜师古在《颜氏家训·文章》中明确指出：

序、述、论、议，生于《易》者也。

---

① （清）阮元：《书梁昭明太子文选序后》，舒芜等编：《近代文论选》，人民文学出版社，1959年，第105页。

第二章　源自《周易》的成语

文学是语言的艺术，只有丰富多彩的语言才能创造出光辉灿烂的文学艺术。《周易》以其丰富的内涵在汉代被尊为"五经"（《周易》《尚书》《诗经》《礼》《春秋》）之首，自此被历代学子研习、传诵不绝，它的一些词句渐渐成了约定俗成的固定搭配，成了我们今天常用的习语，如：

朋友　文明　和平　高尚　硕果　消息　饮食　革命　震惊百里　方以类聚　物以群分

据不完全统计，源于《周易》经传的成语就有一百多个。仅以开篇第一卦《乾》为例，卦爻辞共五十二字，就有"潜龙勿用""朝乾夕惕""飞龙在天""亢龙有悔""群龙无首"等近一半的内容作为成语被沿用至今。这些成语，有的是直接使用《周易》原文，有的是化用《周易》语义，它们极大地丰富了中国文学的语言。下面我们仅举两例以明之。

一、不速之客

"不速之客"这个成语源自《需》卦：

> 有不速之客三人来，敬之，终吉。

速，邀请。指没有邀请而自己来的客人。托马斯·麦卡锡（Thomas McCarthy）执导的影片

*The Visitor*就被翻译成《不速之客》。中国古典短篇小说的精品、专讲鬼狐精怪故事的《聊斋志异》，其中《青凤》篇讲的故事，就用到了这个成语：

  太原耿氏家族，过去很富有，有一处豪宅。但家道衰落以后，一幢幢楼房，大多荒废了。于是，宅子里就常常出现一些怪事，像堂门自开自关啦，半夜有奇声怪语啦。耿氏吓坏了，只好搬到别处去住，只留下一个看门老头。

  耿氏有个侄儿叫去病，风流成性，胆子又很大。他对看门老头说，如果宅子里再有什么动静，赶紧告诉他。到了晚上，老头看见楼上灯光忽明忽灭，连忙跑去告诉耿去病。去病到了楼上，并未发现什么异常现象。但穿过楼道时，却听见有人在窃窃私语，还有灯光从一条门缝里透出来。他偷偷看去，见里面点着一对大蜡烛，亮如白昼。一个身穿

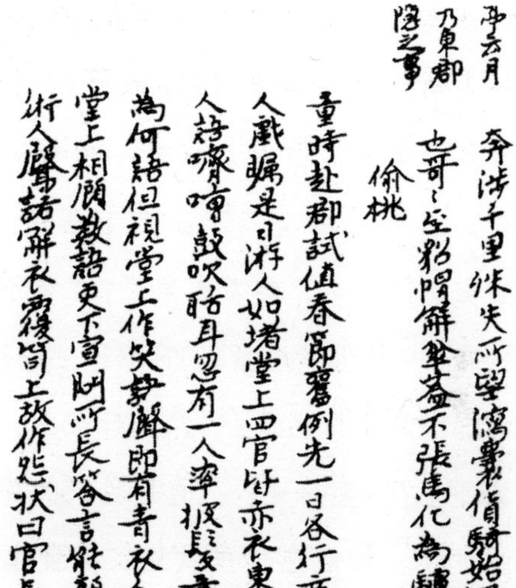

《聊斋志异》稿本书影

儒服的男子坐在正面，对面坐着一个妇人。这两人都有四十多岁。男子左边坐着一位二十来岁的年轻人，右边坐着一位十五六岁的少女。四个人围坐谈笑，桌上摆满了酒菜。去病突然闯进去，笑着大声说："有不速之客一人来！"那几个人被他吓坏了，纷纷躲避，只有那个男子质问他："你是什么人，竟闯入人家卧室？"去病说："这是我家的卧室，被你强占了。你们在这里饮酒，竟连主人也不邀请，是不是太小气了？"那男子看了看去病，说："你不是主人。"去病回答："我是狂生耿去病，是主人的侄儿。"那男子听了，连呼："久仰大名！"于是请他入席。二人相谈甚欢，一会就熟得像一家人似的。男子自称姓胡，叫过家人与耿去病相见。那男孩叫孝儿，是他儿子。女孩叫青凤，是他侄女。去病打量青凤，见她体态娇美，眼如秋波，聪慧又漂亮，一见就喜欢上她了。

为了能再见到青凤，去病就回家和妻子

商量搬到这里住。妻子没答应，去病就一个人住在楼下读书。第一天晚上，他正睡着，一个青面獠牙的黑鬼来到他面前。去病一点也不惊慌，他把自己的脸也用墨汁涂黑，与黑鬼对视，结果鬼反而被他吓跑了。

第二天晚上，他刚要熄灯睡觉，忽然听到楼后有声音。去病急忙去看，发现房里有烛光，仔细一看原来是青凤在里面。青凤看见去病，吓得赶紧关门。去病一把拉住她，说："我冒险来这里，就是为了再见到你。"青凤小声说："我叔叔怕你胡来，所以昨晚变鬼来吓唬你，而你竟然不怕。因此，他们已找好新居，正在搬东西，留我一人看守，明天就该走了。"

两人正说着，青凤的叔叔忽然推门而入，青凤又羞又怕。她叔叔骂道："贱货，败坏我家名声！还不快滚！小心我拿鞭子抽你！"青凤低着头跑了。

去病听到青凤叔叔责骂青凤，心里很难

过,就大声说:"都是我的错,与青凤无关!要惩罚就惩罚我吧。"但很久没有声音回应他。

这年清明节扫墓回家时,去病看见一只猎狗紧追两只小狐狸。一只狐狸朝野外跑去,另一只却惊慌地跑到路上,看见他竟依依哀鸣,垂耳藏头,好像在向他求救。去病可怜它,便解开衣服,把它包在衣服里抱回家。回到家把它放床上,狐狸突然变成了青凤。

去病喜出望外,青凤说:"刚才与丫头做游戏,想不到发生意外,要不是你救了我,我肯定被猎狗吃掉了。请你不要因为我是狐狸而嫌弃我。"去病便把青凤安排在另一间房里住。

过了两年多,有一天夜晚,去病正在读书,孝儿突然走进书房(又是一个不速之客)。去病赶紧放下书本,询问孝儿从何处来。孝儿跪在地上哀告:"我父亲遭大祸,只有你才能救他。"去病问发生了什么事,孝儿说:"你认识莫三郎吗?"

去病说:"我们是世交,老辈子就有交情。"

孝儿说:"他明天要路过这里,如果他有猎获的狐狸,请你把它要过来。"

去病猜到了是怎么回事,但想起当初青凤叔叔羞辱青凤的事,就想气气他们父子俩,于是假意推脱说不管。孝儿哭着走了。

第二天,带着很多猎物的莫三郎果然来了。猎物中有一只黑狐狸,毛皮上沾满了血污,但皮肉尚存温热。去病借机对莫三郎说自己的皮大衣破了,要狐皮缝补。莫三郎便慷慨地把黑狐给了他,他转身把它交给了青凤,然后陪莫三郎喝酒。

客人走后,青凤把狐狸抱在怀里,整整过了三天它才苏醒过来,几番辗转又变成青凤叔叔。青凤把发生的事细细告诉给叔叔,她叔叔听了以后很感激去病的救命之恩,并请去病原谅他以前的过错。在青凤的请求下,去病同意让孝儿一家搬来一起住。从此以后，两家人和睦共处。去病经常与孝儿谈古说今。去病的孩子渐渐长大了，就请孝儿当老师。孝儿循循善诱，称得上是一位好先生。

二、义结金兰

"义结金兰"源自《周易·系辞上》：

> 二人同心，其利断金；同心之言，其臭如兰。

《周易》这句话的意思是，如果二人心齐，那力量如同锋利的刀剑，可以切断金属，说出来的话也像兰花那样芬芳扑鼻，谓团结的力量无敌。后来人们就根据这句话，化生出"义结金兰"这个成语，意思是朋友间情投意合，或为了共同的利益进而结为异姓兄弟或姐妹，也就是"拜把子"的意思。

西方文化中也有同辈朋友间结拜的习俗。英文把结拜兄弟称为盟兄弟（sworn brothers）或血誓兄弟（blood brothers）。

中国"义结金兰"的故事，影响最大的莫过于中国古典四大名著之一的《三国演义》开篇描述的刘、关、张桃园三结义了。

东汉（25—220）末年，朝政腐败，再加上连年灾荒，人民生活非常困苦，各地农民起义不断。地方政府为了镇压起义军，到处张贴告示，招兵买马。

刘备是汉皇室的远房宗亲，能和西汉（前202—8）的汉景帝（前157—前141在位）攀上一点血亲，但这远水解不了近渴，他现在不过是一个在涿州（今河北省涿州市）靠编席卖草鞋为生的小商贩，与寡居的母亲

刘备像

相依为命,在这样的年代,家中也是一贫如洗。但他素有大志,时时想着要干一番事业。

这年刘备二十八岁,见到了官府招兵的告示。他看着告示,想着时下的乱局,不禁慨然长叹。不想背后有一人厉声说道:"大丈夫不去给国家出力,在这里叹什么气?"

刘备回头一看,见身后站着一个一米八多的大个,豹眼环睁,燕颔虎须,声若巨雷,威风凛凛。刘备见他形貌异常,就问他姓名。这人说:"我叫张飞,卖酒杀猪,攒了几个钱,特好结交天下豪杰。"刘备说:"我叫刘备,和当今皇室是一家的。现在天下大乱,我有志破贼安民,可叹能力有限啊!"张飞说:"我有钱,招募些兵丁,咱们一起干,咋样?"刘备一听,非常高兴,于是一起到一个小酒馆中边喝边聊。

两个正喝呢,忽见一大汉,推着一辆车子,到店门口停下,来到店中坐下,催促伙计:"快拿酒来,我要急着进城去当兵呢!"刘备细看此人:身高在两米以上,二尺长的胡须,飘洒胸前,面堂红中带点黑,丹凤眼,卧蚕眉,相貌堂堂,威风凛凛。刘备邀他同坐,问他姓名。这人说:"我是关羽,河东

关羽像

人。我们那里的一个土豪仗势欺人,被我杀了。我逃出来五六年了。听说这里要招兵买马,特来应征。"刘备把他和张飞的打算告诉关羽,关羽大喜。于是,三人一同来到张飞庄上,共议大事。

张飞说:"我庄后面有一个桃园,花开正盛。我们三人明天在园中祭告天地,结为兄弟,同心协力,我们弟兄一起干件大事。"刘备、关羽齐声回答:"太好了!"(同心之言,其臭如兰)

第二天,三人在桃园中摆上黑牛白马等祭祀贡品,焚香祝告天地,拜了两拜,宣誓说:"刘备、关羽、张飞,虽然异姓,既然结为兄弟,就要同心协力,救困扶危,上报国家,下安百姓。我们三人不求同年同月同日生,只愿同年同月同日死。天地神明,请您明察,如有忘恩负义,天人共戮!"宣誓已毕,以刘备年龄最大,为大哥,关羽为二哥,张飞为三弟。

此后,三人并肩战斗,战曹操,斗孙权,开启了中国历史上的三国时代。他们三人也成了中国历史上结拜的楷模,千百年来,被人们一直传诵着、效仿着。过去的一些帮会,在他们颇为庄重的入会仪式上,也必定不会忘记插上桃枝,以此象征他们是在桃园结义。

张飞像

第三章 《周易》与中国文学的创作

《周易》在中国传统文化中的地位是如此重要，因而研究《周易》、品读《周易》、应用《周易》等方面的内容在中国诗歌、散文、小说、戏曲等体裁的文学作品中有广泛反映。仅以"读易"这两个字为检索词检索《四库全书》集部（它是清代中期以前中国历代文人的文学作品总集，但不包括戏曲和小说），就可搜索出一千一百四十七条匹配的内容，由此可见《周易》对中国文学作品的影响。比如，唐宋八大家之一的宋代古文大家欧阳修，就有一首以《读〈易〉》为题的诗：

莫嫌白发拥朱轮,恩许东州养病臣。
饮酒横琴销永日,焚香读《易》过残春。
昔贤轩冕如遗屣,世路风波偶脱身。
寄语西家隐君子,奈何名姓已惊人。
([宋]欧阳修撰《文忠集》卷十四)

宋代诗人吕本中,也有一首以《读〈易〉》为题的诗,把他穷困潦倒中春日读《易》以自娱的心情和他对众说纷纭的《周易》的看法展现出来:

春温疮疥繁,衣敝虮虱细。
颓然坐南轩,读《易》初有味。
初看象数殊,忽此爻象异。
纷纷者众说,行各半途滞。
大言累千百,杂解记一二。
坐令天人分,复以小大计。
或强出枝叶,或自起疣赘。
孰能言语表,能使意独至。

空中本无华,眼病因有翳。

沉思忽有得,是则入精义。

吾生晚闻道,岁月今少憩。

遗经日在眼,似足了一世。

临流濯垢衣,尚勿惜余弃。

([宋]吕本中撰《东莱诗集》卷十一)

下面我们就选取中国各时代独具特色的文学体裁的片段,来说明《周易》对中国文学创作的影响。

一、《左传》《国语》与《周易》

较早在文中引用《周易》的是《左传》和《国语》(据传这两部书都是春秋末期的左丘明所作),据统计,《左传》《国语》中引用《周易》的例子有二十多处。从内容上来说,这二十多处

基本可以分为两类:

一是以《周易》或其他筮书进行占筮,以预测事情的吉、凶、祸、福。

一是引证《周易》经文来说明一个问题,或阐述自己的看法。

以《周易》进行占筮的例子,如《左传·僖公二十五年》:

> 秦伯师于河上,将纳王,狐偃言于晋侯曰:"求诸侯莫如勤王,诸侯信之,且大义也!继文之业,而信宣于诸侯,今为可矣!"使卜偃卜之,曰:"吉!遇'黄帝战于阪泉'之兆。"公曰:"吾不堪也。"对曰:"周礼未改。今之王,古之帝也。"公曰:"筮之!"筮之遇《大有》之《睽》,曰:"吉!遇'公用享于天子'之卦,战克而王飨,吉孰大焉!且是卦也,天为泽以当日,天子降心以逆公,不亦可乎?《大有》去《睽》而复,亦其所也。"晋侯辞秦师而下。

这一段是说,周襄王被他的弟弟叔带逼迫逃亡到了郑国。晋文公的大臣狐偃建议晋文公"勤王"——发兵把襄王护送回国,认为这是一桩壮举,可以为晋国在诸侯国中赢得威望。晋文公心里没底,就让卜偃占卜了一下,结果是"吉。遇黄帝战于阪泉之兆"——得到的兆象和黄帝在阪泉大战炎帝前卜得的兆象是一样的,预示会吉利。晋文公说:"当今的周王就是古时的黄帝,我仅是个诸侯,担当不起这种兆象。"狐偃说:"现在还是周天子的天下。现在的周王,就相当于古代的帝。我们去勤王,就代表的是周天子。"文公还是心里没底,就又说:"再用筮法筮一下。"筮了一下,得到《大有》之《睽》("之"是"变"的意思。春秋时期的《周易》大约还没有卦爻阳称九、阴称六的说法。称某卦某爻就用此卦和另一卦的卦画相比较,不同的那一爻就是此爻。这种方法被人们称为"本卦之卦法"),也就是《大有》卦的九三爻,爻辞是"公用亨于天子",意思是说能打胜仗,且能受到王用飨礼招待的礼遇,是一个大吉大利的卦象。卜偃又用卦象分析，也是天子降低身段礼敬诸侯的卦象。晋文公于是下定了决心，挥师迎回了襄王，杀死了叔带，从此开启了晋国的霸权时代。

引证《周易》经文说明问题或阐述观点的例子，如《左传·昭公二十九年》：

> 秋，龙见于绛郊。魏献子问于蔡墨……对曰："……《周易》有之，在《乾》之《姤》曰：'潜龙勿用。'其《同人》曰：'见龙在田。'其《大有》曰：'飞龙在天。'其《夬》曰：'亢龙有悔。'其《坤》曰：'见群龙，无首吉。'《坤》之《剥》曰：'龙战于野。'若不朝夕见，谁能物之？"

在这里，蔡墨旨在引用《周易》的卦爻辞证明古代真的有龙。其称爻的方法仍是"本卦之卦法"。"《乾》之《姤》"指《乾》卦初九爻，"其《同人》"指九二爻，"其《大有》"指九五爻，

"其《夬》"指上九爻,"其《坤》"指用九,"《坤》之《剥》"指《坤》卦上六爻。

再如《左传·襄公九年》:

> 穆姜薨于东宫。始往而筮之,遇《艮》之八。
>
> 史曰:"是谓《艮》之《随》。随,其出也,君必速出。"
>
> 姜曰:"亡。是于《周易》曰:'《随》,元亨利贞,无咎。'元,体之长也;亨,嘉之会也;利,义之和也;贞,事之干也。体仁足以长人,嘉德足以合礼,利物足以合义,贞固足以干事。然故不可诬也,是以虽《随》无咎。今我妇人而与于乱,固在下位而有不仁,不可谓元;不靖国家,不可谓亨;作而害身,不可谓利;弃位而姣,不可谓贞。有四德者,《随》而无咎。我皆无之,岂《随》也哉?我则取恶,能无咎乎?必死于此,弗得出矣。"

穆姜是鲁宣公的妻子，鲁成公的母亲。成公十六年，她与大夫叔孙侨如联合，欲推翻鲁成公，结果失败了。穆姜因此被迁东宫。她用《周易》占了一卦，得"《艮》之八"。史官说，"是谓《艮》之《随》"，而《随》卦有外出之义，意味着穆姜能活着离开这里！穆姜不同意史官的说法，认为《周易》中《随》卦卦辞"元亨利贞，无咎"，是对有"元亨利贞"四种德性的人说的，老妇人我一样都不占，所以不会有"无咎"的结果。出不去了，要死在这东宫了。果然如此。

值得注意的是，穆姜讲的《随》卦"四德"与《文言传》讲的《乾》卦"四德"几乎完全相同。《文言传》据传是孔子所作。但穆姜死时，孔子还没出生呢，要到十五年后孔子才来到这世上。究竟是孔子抄袭了穆姜，还是左丘明抄袭了孔子后又移植到穆姜身上？学者们还一直在争论。

二、汉代文学创作与《周易》

《周易》因其卜筮功能，在秦代没受到"焚书坑儒"的影响，至西汉更是一直传播不绝。

西汉初期的文人陆贾在文中多次引用《周易》经传词语，如《新语》卷上《辩惑》引"二人同心，其义断金"，卷下《明诫》引"天垂象，见吉凶，圣人则之"（并见今《系辞》，文字略异）；贾谊在他的《新书》中也屡屡引用《周易》，如在《容经》《君道》等篇中引"鸣鹤在阴，其子和之"（《中孚》九二），说明君主若爱民，民亦拥君的道理，袭用的正是《系辞》中孔子对此爻的解释发挥：

> 子曰："君子居其室，出其言善，则千里之外应之，况其迩者乎！居其室，出其言不

善，则千里之外违之，况其迩者乎！言出乎身，加乎民，行发乎迩，见乎远。言行，君子之枢机。枢机之发，荣辱之主也。言行，君子之所以动天地也。可不慎乎！"

汉武帝"罢黜百家，独尊儒术"，《周易》作为儒家"五经"之一，更成为文人士子们必读的经典。《周易》中的词句和思想也成为文人士子进行文学创作的重要知识宝库。司马迁是武帝时期文人的翘楚，其《史记》被誉为"无韵之《离骚》"，在中国古代文学史、中国古代史上都占有很高的地位。司马迁的父亲司马谈是汉初易学大家杨何的弟子，司马迁从他的父亲那里接受了易学的训练。"正《易传》"（掌握易学的精髓），是父亲对司马迁的学术期许。《史记》中除"十表"外，"八书""本纪""世家""列传"中均有大量直接征引《周易》原文的例子，如《屈原贾生列传》：

司马迁像

怀王以不知忠臣之分,故内惑于郑袖,外欺于张仪。疏屈平而信上官大夫、令尹子兰。兵挫地削,亡其六郡,身客死于秦,为天下笑。此不知人之祸也。《易》曰:"井泄不食,为我心恻,可以汲。王明,并受其福。"王之不明,岂足福哉!

此段所引《易》文见《井》卦九三,重点在说明楚怀王昏聩不明,屈原等忠臣不但没受其福佑，反受其迫害。再如《乐书》：

> 天尊地卑，君臣定矣。高卑以陈，贵贱位矣。动静有常，小大殊矣。方以类聚，物以群分，则性命不同矣。在天成象，在地成形，如此则礼者天地之别也。地气上跻，天气下降，阴阳相摩，天地相荡，鼓之以雷霆，奋之以风雨，动之以四时，暖之以日月，而百物化兴焉，如此则乐者天地之和也。

这段话源自《系辞上》：

> 天尊地卑，乾坤定矣。卑高以陈，贵贱位矣。动静有常，刚柔断矣。方以类聚，物以群分，吉凶生矣。在天成象，在地成形，变化见矣。是故刚柔相摩，八卦相荡，鼓之以雷霆，润之以风雨。日月运行，一寒一暑。乾道成男，坤道成女。乾知大始，坤作成物。

通过对比可以很明显地看出，无论是从内容上还是从语句上，《乐书》都是化用模仿《系辞》，不仅在文中化用《周易》的词句，在对《周易》思想的把握与灵活运用上更见司马迁的易学功底。《周易》中见微知著、审时度势等观念，在司马迁的人物评论中也为其所遵循。而且在艺术手法上，司马迁也遵循了《周易》"名小指大"的文学表现方法。陈桐生先生曾撰文指出：

> 《史记·屈原贾生列传》在评价屈原代表作《离骚》时点化了《系辞》之语："其文约，其辞微，其志洁，其行廉，其称文小而其指极大，举类迩而见义远。"这是说《离骚》言辞简约深微，主人公志行芳洁高廉。诗中所写的虽是人们身边的一些芳草美人之类的小事，但其中所寄寓的却是关系到国家前途与命运的意义深远的重大主题。
>
> 文约辞微，文小指大，言近旨远，这实际上就是典型化理论。典型的特点就是以一

当十,以少总多,小中见大,以个别反映一般,以特殊揭示普遍。

《易传》是从占筮卦象中提炼出典型化理论,而司马迁则有意识地创造性地将《易传》典型理论运用到《离骚》评论之上。司马迁不仅用典型理论评价《离骚》,而且把典型化方法运用到历史人物传记写作之上。他最擅长选择那些最能体现历史人物神髓的几个典型事件,以传神之笔写之,往往收到小中见大、言近旨远的艺术效果。

例如,《管晏列传》的传主管仲和晏婴是春秋时期齐国杰出的政治家和思想家,管仲辅佐齐桓公成就霸主大业,确立了春秋霸主的政治格局,影响春秋政治达两百多年。晏婴在历史上则以力谏和节俭闻名于世。对这两位大政治家,司马迁没有从正面记述他们的功业,而是拾取管鲍之交、脱越石父于困厄以及仆御交往的几件轶事,轻描淡写,而鲍叔的慧眼知人、虚怀若谷,管仲的不规小

屈原

节而成荣名,晏子的进思尽忠、退思补过,乃至于越石父的极高品位、仆御之妻的深明大义,都一一展现在读者眼前。这篇传记的特点不在于记载历史人物的功绩,而在于举重若轻,淡笔点染,烘托出传主的精神境界。就像是一个高明的画家,初不经意,淡淡几笔,就勾画出事物的特征与神髓,充满了无比的艺术情味。《管晏列传》简直可以作为一首意味隽永的散文诗来读。①

扬雄是西汉末年的著名思想家、文学家和方言学家,他在文学上的一大特色就是模仿:模仿屈原《离骚》而作《反离骚》,模仿司马相如的大赋《子虚赋》《上林赋》作《甘泉赋》《羽猎赋》《长杨赋》等大赋,模仿《论语》作《法言》,模仿《周易》作《太玄》。

从形式上来说,《太玄》也比照着《周易》有经和传两部分。经分八十一首,每首也由卦画和赞辞组成;传包括《首》《测》《文》《莹》《图》《告》《数》《冲》《错》等十余篇,"皆以解剥《玄》体,离散其文"(《汉书·扬雄传》)。

在遣词造句上,《太玄》也是刻意模仿《周易》。《易经》卦爻辞多为三字句或四字句,前面列出某种"象",后面系之以吉凶断语,如:

---

① 陈桐生:《〈史记〉与〈周易〉六论》,《周易研究》2003年第2期。

《睽》六三："见舆曳，其牛掣，其人天且劓，无初有终。"

《太玄》之赞辞也常采用这种格式，如：

《闲》初一："蛇伏于泥，无雄有雌，终莫受施。"

《易传》中解释爻辞的《小象》大多用"也"字句，而且多数是重新摘抄、组合爻辞，如：

《坤》："初六：履霜，坚冰至。《象》曰'履霜坚冰'，阴始凝也；驯致其道，至坚冰也。"

《太玄》解赞之《测》辞也是这样，如：

《交》："初一，冥交于神，齐不以其贞。测曰：冥交不以，怀非含惭也。次二，冥交有孚,明如。测曰,冥交之孚,信接神明也。"

《太玄》中的其他几篇传对《易传》的模仿也非常明显,如《乾·文言》在论述完君子之四德"元亨利贞"后,又把《乾》之爻辞论述一遍:

> 初九曰"潜龙勿用",何谓也?子曰:"龙德而隐者也。不易乎世,不成乎名,遁世无闷,不见是而无闷,乐则行之,忧则违之,确乎其不可拔,潜龙也。"……九五曰"飞龙在天,利见大人",何谓也?子曰:"同声相应,同气相求,水流湿,火就燥,云从龙,风从虎,圣人作而万物睹。本乎天者亲上,本乎地者亲下,则各从其类也。"

《太玄》文模仿之,在论述完"罔直蒙酋冥"后,也对《中》首之赞辞做了一一论述:

> 或曰"昆仑旁薄,幽",何为也?曰:"贤人天地,思而包群类也。昆诸中未形乎外,独居而乐,独思而忧,乐不可堪,忧不可胜,故曰幽。""神战于玄",何为也?曰:"小人之心杂,将形乎外,陈阴阳以战其吉凶者也。阳以战乎吉,阴以战乎凶。风而识虎,云而知龙。贤人作而万类同。"

再如,《系辞》有"是故阖户谓之坤,辟户谓之乾",《太玄摛》则模仿着写成"是故阖天谓之宇,辟宇谓之宙"。诸如此类与《易传》相似的句子,在《太玄》中随处可见。

承西汉之余绪,东汉在经学、史学、文学等方面都有新的拓展。在文学方面,班固和张衡是两个比较有代表性的文学大家,易学在他们的文学创作中也刻下了深深的迹印。

班固继承西汉末刘向、刘歆父子的做法,在《汉书·艺文志》(改编自刘向、刘歆的《七略》)中第一次把易学类著作放在了篇首位置,从此奠

扬雄像

定了《周易》"五经之首""大道之源"的历史地位。

在班固的文学作品中,吸收易学思想、化用《周易》词句的例子有很多,如他在《典引》篇中说:

> 太极之元，两仪始分，烟烟煴煴，有沉而奥，有浮而清。沉浮交错，庶类混成。

很明显，班固在这里是化用了《易传》"是故，《易》有太极，是生两仪，两仪生四象，四象生八卦，八卦定吉凶，吉凶生大业"（《系辞上》）以及"天地氤氲，万物化醇"（《系辞下》）的说法，来阐述宇宙万物的生成。

再如《幽通赋》中有"天造草昧，立性命兮"之句，"天造草昧"就是《周易·屯卦·彖传》的原话。

以候风地动仪名垂青史的张衡，也曾致力于易学研究：

> 欲继孔子《易》说《彖》《象》残缺者，竟不能就。（《后汉书·张衡传》）

在《东京赋》中，张衡化用《周易·坤卦》阐释的"履霜，坚冰至"之义，强调：

> 坚冰作于履霜，寻木起于蘖栽。

劝谏统治者要居安思危，防患于未然。

班固还十分推崇扬雄"清静无为"而模仿《周易》作《太玄》的做法，承续扬雄《太玄赋》而作《思玄赋》，其中有曰：

> 夕惕若厉以省愆兮，惧余身之未敕。苟中情之端直兮，莫吾知而不恧。默无为以凝志兮，与仁义乎逍遥。不出户而知天下兮，何必历远以劬劳？

很明显是取自《乾》卦"君子夕惕若厉，无咎"。

三、魏晋、唐宋时期的文学创作与《周易》

不同历史时期，中国文学各有其特殊的文学

样式，如大家耳熟能详的先秦诸子散文、汉赋、魏晋南北朝古体诗、唐诗、宋词、元曲、明清小说等。

在文学分期上，有人称魏晋、唐宋时期的文学为中国文学中古期的第一、第二阶段（先秦秦汉时期为上古，魏晋至明中叶为中古，之后至五四时期为近古）。

这一时期文学的一个显著特点是，文学进入了自觉阶段，文人有意识地创作文学作品（汉代司马相如、扬雄、班固、张衡等也是有意识地创作大赋，但他们的目的是用这些大赋对皇帝进行劝谏，让皇帝不要穷奢极欲）。他们在继承先秦秦汉时期文学体裁的基础上又有所创新，如在吸收汉乐府诗的基础上形成了魏晋时期的古体诗，进而发展成为唐诗、宋词；在汉赋的基础上，吸收诗歌的韵律，形成了骈赋；在吸收先秦诸子散文的基础上，形成了唐宋"古文运动"等。而在这一时期的各种文学体裁中，《周易》的影响也是随处可见。

比如"卑以自牧"①这个源自《周易·谦》卦的四字成语,意思是以谦卑的态度修养身心。这种处事态度对中国人的性格形成产生了重要影响,也一直被魏晋以来的文人所推崇。

通过检索《四库全书》集部可知,至少有七十多位自汉至清的文人学者在诗文中引用过这四个字,赞扬《谦》卦所推崇的谦卑精神,比较著名的如唐代文学家张九龄(《曲江集》卷十八《故许州长史赵公墓志铭》)、杜甫(《杜诗详注》卷二十五《唐故德仪赠淑妃皇甫氏神道碑》)、元稹(《元氏长庆集》卷四十五《沈传师授中书舍人制》、卷五十《赠郑余庆太保制》),宋代文学家范仲淹(《范文正别集》卷三《天道益谦赋》)、苏轼(《东坡全集》卷一百九《赐新除知枢密院安焘辞免恩命不允诏》)、吕祖谦(《东莱别集》卷十《答项平甫》)等。

晋代的傅咸有一首《周易诗》,纯粹是辑合

---

① 《谦·初六》:"谦谦君子,用涉大川,吉。"《象》曰:"谦谦君子,卑以自牧也。"

《周易》经传的文句而成的,起首第一句就是引用这四个字:

> 卑以自牧,谦尊而光①。
> 进德修业②,既有典常③。
> 晖光日新④,照于四方⑤。

---

① 源自《谦》卦辞:"谦,亨,君子有终。"《彖》曰:"谦,亨,天道下济而光明,地道卑而上行。天道亏盈而益谦,地道变盈而流谦,鬼神害盈而福谦,人道恶盈而好谦。谦尊而光,卑而不可逾,君子之终也。"

② 源自《乾·文言》:"九三曰'君子终日乾乾,夕惕若厉,无咎',何谓也?子曰:'君子进德修业,忠信,所以进德也,修辞立其诚,所以居业也。知至至之,可与言几也。知终终之,可与存义也。是故居上位而不骄,在下位而不忧,故乾乾因其时而惕,虽危无咎矣。'九四曰'或跃在渊,无咎',何谓也?子曰:'上下无常,非为邪也,进退无恒,非离群也,君子进德修业,欲及时也,故无咎。'"

③ 源自《易·系辞下》:"初率其辞而揆其方,既有典常;苟非其人,道不虚行。"

④ 源自《大畜·彖》:"《大畜》刚健笃实辉光,日新其德。"

⑤ 源自《离·象》:"明两作,离,大人以继明照于四方。"

小人勿用①，君子道长②。

陶渊明在诗中也常常化用《周易》中的概念或词语，如他在《庚子岁五月中从都还阻风于规林》一诗中写道：

自古叹行役，我今始知之。山川一何旷，巽坎难与期。

其中的"巽坎"就十分巧妙地化用了《周易》的卦象。在《周易》八卦卦象中，巽代表顺，代表风，坎代表险，代表水。在这里"巽坎"一词而

---

① 源自《师·上六》："大君有命，开国承家，小人勿用。《象》曰：'大君有命，以正功也。小人勿用，必乱邦也。'"又《既济·九三》："高宗伐鬼方，三年克之，小人勿用。"

② 源自《泰》："小往大来，吉，亨。《彖》曰'泰小往大来，吉，亨'，则是天地交而万物通也，上下交而其志同也。内阳而外阴，内健而外顺，内君子而外小人，君子道长，小人道消也。"又《杂卦》："夬，决也，刚决柔也，君子道长，小人道忧也。"

含双义,说明旅途的艰辛,出行的路上既可能遇上刮风,也可能摊上下雨,前方是顺利还是遇险阻都不知道。用词太巧妙了。

魏晋时期的阮籍、郭璞、谢灵运、孙绰、顾恺之、慧远等也留下了许多引《易》入诗的作品。如阮籍《咏怀诗》第四十七首中说:

> 崇山有鸣鹤,岂可相追寻。

其中的"鸣鹤"就来自《中孚·九二》的爻辞:

> 鸣鹤在阴,其子和之。我有好爵,吾与尔靡之。

唐代文人中化用《周易》词句的就更不胜枚举了。另有人统计,宋代苏轼、欧阳修、杨万里诗文中涉及《易经》的地方分别达七十八、一百

九十五、八十九处①,我们也不再赘述。

赋这种体裁在这一时期也有所发展,其中也有许多与《周易》有关的作品,仅从清代康熙时期编纂的《御定历代赋汇》的篇目中,就统计出唐宋时期与《周易》有关的赋有十四篇:

《谦赋》(唐·阙名)

《谦受益赋》(唐·吴连叔、孟翱各一篇)

《履霜坚冰至赋》(唐·王起)

《履薄冰赋》(唐·皇甫湜、阙名各一篇)

《八卦赋》(唐·敬括)

《天道益谦赋》(宋·范仲淹)

《蒙以养正赋》(宋·范仲淹)

《易兼三才赋》(宋·范仲淹)

《复其见天地之心赋》(宋·王禹偁)

---

① 程刚:《周易影响文学的七个层次》,《天府新论》2012年第1期。

《损先难而后易赋》（宋·陈襄）

《大易赋》（宋·郑刚中）

《读易赋》（宋·高似孙）

"论"也是这一时期的重要文学体裁之一，很多文人学者也围绕《周易》的思想内容进行发论，如晋代的阮籍著有《通易论》，总体论述《周易》的思想内容。这一类的作品在宋代就更多了，如以"易论"二字为题目写作的就有李觏（《旴江集》卷三，他竟然一口气写了十三篇）、吕陶（《净德集》卷十五）、苏洵（《嘉佑集》卷六）、苏轼（《东坡全集》卷四十一）、苏辙（《栾城应诏集》卷四）、张舜民（《画墁集》卷五）、范浚（《香溪集》卷七）、崔敦礼（《宫教集》卷七）、曾丰（《缘督集》卷十四）、杨万里（《诚斋集》卷八十五）、韩元吉（《南涧甲乙稿》卷十七）等。据此，我们也可以看出《周易》对这一时期文学的影响。

四、元明清时期的文学创作与《周易》

元明清时期的文学,除了以前的各种文学体裁都有人继续创作、继续发扬光大外(当然,在这些体裁中《周易》也一如既往地被引用、化用),又有了新体裁,那就是"俗"文学的兴起,即为广大劳苦大众所喜闻乐见的戏曲、小说的空前繁盛。这些戏曲、小说中描述人们读《周易》、用《周易》占卜以及化用、引用《周易》的现象更是不胜枚举,当今也有不少学者写文章、写书探讨这些问题,我们就不一一细谈了。我们就从这一时期戏曲中的代表作之一《桃花扇》与《周易》的关系来探索一下《周易》对这一时期文学的影响。

清初作家孔尚任(1648—1718),是孔子的第六十四代孙,《桃花扇》是他经十余年苦心创作,

孔尚任像

三易其稿写出的一部传奇剧本。

《桃花扇》可谓中国古典戏剧的最后一部杰作，它讲述了一段奸佞当道、国破家亡背景下的爱情故事：

> 明末作恶多端的宦官魏忠贤被崇祯皇帝处死后，依附魏忠贤的阮大铖也被免职，闲居南京。但他贼心不死，养了一帮歌伎做交际花，用以交结权贵，企图东山再起。当时

的著名文学团体复社中的人写文章揭发他过去的罪恶，阮大铖一时成为众矢之的。

这时，复社的另一文人侯方域应试落第，来到南京，结识了秦淮著名歌伎李香君，两人有共同的政治见解，情投意合。但侯方域寓居异乡，一时无法筹措结亲的费用。

阮大铖知道后，让人暗中送给侯方域三百金，想以此请侯方域帮他解围。

定情之夕，侯方域以题诗的宫扇一把赠予李香君。李香君发觉妆奁是廉耻丧尽的阮大铖所送，当即大义凛然地拒绝。阮大铖从此怀恨在心。

李自成的农民起义军攻入北京，崇祯皇帝缢死煤山，马士英、阮大铖在南京迎立福王为弘光帝，成立了南明小朝廷。两人把持朝政，对复社文人滥加报复。

阮大铖下令逮捕侯方域，并逼迫李香君嫁给他的亲信。李香君誓死不从，以头撞地，额血溅于侯方域送她的宫扇上。

侯方域

杨龙友在扇上依着李香君的血迹画出几朵桃花,添些枝叶,这就是桃花扇的由来。

李香君以此扇为信物,托人到外地寻找

被迫出逃的侯方域，盼望早日团聚，但后来还是被阮大铖强拉入宫内充当歌伎。

侯方域刚回南京，也被捕入狱。不久，清兵长驱南下，南明灭亡。侯方域乘机出狱，李香君也从宫中逃出。两人在栖霞山白云庵中相遇，面对桃花扇共叙旧情。

在场的张薇道士撕扇掷地，指点他们不要再做复兴明朝的美梦了，劝他们看破红尘。李香君和侯方域面对国亡家破，终于割断恋情，分头做尼姑、和尚去了。

如今，南京夫子庙前的秦淮河南沿钞库街38号，有一座青瓦红檐、古色古香的花园小楼，据说是李香君的寓所"媚香楼"的旧址。

栖霞山半山腰有一座"桃花扇亭"，据说是李香君和侯方域久别重逢之地。时光已流逝了三百多年，人们还纪念着明末清初这位著名的秦淮艺伎。

《桃花扇》这部中国古典戏剧四大名著之一的

李香君小像 [清] 张景祁撰 [清] 叶衍兰绘《秦淮八艳图咏》

传奇历史剧的创作,深受《周易》文化的影响①,具体表现在以下三个方面。

(一)《周易》之名小旨大与《桃花扇》的因小喻大

表面看来,《桃花扇》所描写的不过是浪荡公子哥和香艳歌女的风流韵事,这里发生的面血溅扇、私物表情、秘笺寄信的男女之事,也都是些

---

① 参见徐爱梅《〈桃花扇〉中的〈周易〉文化发微》,《周易研究》2009年第3期。

在古人看来提不上大雅之堂的琐细事，这在当时的秦淮河畔天天上演，没什么可奇怪的。但桃花扇的奇妙之处在于，它表面上凝结了侯李二人之相聚、相离、相别的悲欢离合，而在深层次上则勾连起晚明复社清流与奸佞阮大铖、马士英的斗争。作者是以侯、李的悲欢离合之情，来书写人们对南明兴亡的感受，是对《周易》以小喻大、因象明理观念的最好表达。

（二）《周易》之方以类聚的分类思想与《桃花扇》的人物设置和情节安排

《周易》认为人和物都是有类别的，同一类性质的人或物会自然地聚合在一起，同时，《周易》在说明象征万物的八卦的形成时，提出了一个阴阳对举倍生的原则，即太极生两仪，两仪生四象，四象生八卦。在这一思想的启发下，孔尚任对《桃花扇》剧中众多的人物按照"男有其俦，女有其伍""君子为朋，小人为党"的原则进行了次序井然的安排。

全剧只有三十名出场演员，作者将其分为

"总部""色部"和"气部"三类。

总部只有两人：一是侧重于总结南明兴亡之理的"经星"张瑶星道士，一是侧重于介绍侯、李爱情进展的"纬星"南京太常寺老赞礼。这两个人的作用是在全剧幕中穿插，介绍背景，补充交代剧中的人物。

色部是全剧与侯李爱情故事有关的主要人物，又分为以男主角侯方域为首的"左部"和以女主角李香君为首的"右部"，左右部中人物又因其角色的不同分为正、间、润、合四色，共十六人。

气部是与南明兴亡有关的人物，又分为以史可法为首的忠臣的"奇部"和以马士英等为首的奸臣的"偶部"。由于历史上不敢骂皇帝，故将弘光皇帝分在奇部。奇偶部中的人物又据角色的不同分为中气、戾气、余气、煞气四色，共十二人。

这些人物又因各自的性别、忠奸不同分属阴阳。因儿女之情服从于兴亡之感，所以经纬两类中儿女之情类为阴，兴亡之感类为阳，老赞礼为阴，张道士为阳。这样每一部类中的人物都是阴阳对举，尊卑有序，男女有别，达到了明白、对称、平衡、有起有结的效果。

作者在安排这些人物出场时，或两两相称，或两两相反。如第一出《听稗》和第二出《传歌》，分别是侯方域和李香君的出场，这两出戏中的出场人物的数目、身份、出场顺序，彼此一致，互相照应。《听稗》为正生家门，正生侯方域先出，陈定生、吴次尾是其陪宾，柳敬亭是其伴友，先后出场；《传歌》为正旦家门，李香君率先出场，杨龙友、李贞丽是其陪宾，苏昆生是其业师，也相继早早出场。这样的出场，既符合传奇的排场需要，同时剧中主要人物因为和男女主角的亲密关系，随同出场也非常自然。

（三）《周易·明夷》卦卦义与《桃花扇》剧旨

《明夷》（䷣）卦的卦义是"明入地中"，光明渐渐受到遮蔽，比喻正人君子受到排挤，渴望为国出力，但又不得不韬光养晦的悲剧命运。

作者在第三十三出《会狱》中，借侯方域之

口悲愤地指出现实就是一出活脱脱的阴盛阳衰、"光明受遮蔽"的《明夷》之象，黑白颠倒，坏人得势，好人受迫害。据说这也是出于孔尚任之手的剧本的批注，从阴阳消长的角度揭示了《桃花扇》中马、阮之戾气得势，迫使复社之流所代表的中正之气转入地下的过程。

五、现当代文学的创作与《周易》

（一）金庸武侠小说与《周易》

若问世界上谁是拥有读者最多的作家，人们也许会在狄更斯、大仲马、莎士比亚、高尔基等之间争论不休；但若问当今华文作家中拥有读者最多的是谁，人们大概会异口同声地回答："金庸！"据《远东经济评论》"文艺和社会"栏目的资深编辑西蒙·埃利根所做的粗略估算，从1955年第一部金庸小说问世迄今，其作品总发行量已逾亿册（包括盗版）。假设一本书有两三个人读过（实际上可能要远不止此数），那么金庸小说的实际读者很可能就有二亿以上，所以金庸不无幽默地为自己拟下了墓志铭："这里躺着一个人。在20世纪、21世纪，他写过十几部武侠小说。他的小说有几亿人喜欢。"

上自学者教授，下至农民小贩，从国内到海外，只要有华人的地方，就有层出不穷的金庸迷。而且不仅是华人，在其他国家、民族中，金庸也有众多的"粉丝"（fans）。以下几件事就能充分说明"金庸热"的程度：

1992年，金庸接受法国政府颁发"法国荣誉军团骑士勋章"，法国驻香港总领事在授勋仪式的讲话中曾表示，金庸撰写的武侠小说可能是当今中国文学作品拥有全世界读者最多的一个，并把他与法国的大仲马并列。

20世纪90年代，有人曾在斯坦福大学的东亚图书馆做过调查。他们馆藏的金庸小说，几乎都借出过几十次、上百次，许多书都已被翻看得破烂不堪了。图书馆工作人员说,他们已买过两种版本的金庸小说,结果都相似,因为借阅的人实在太多了。

1994年10月25日,金庸被授予北京大学"名誉教授"称号,并在北大做了两次讲演,听他讲演、签名的,可谓"人山人海"。当时的主持人打趣说:"今天这形势,金大侠武功再高也不好办了!"

在20世纪末,金庸在接受香港《壹周刊》记者访问时表示,1981年他到北京谒见邓小平时,邓公曾提到他的武侠小说。事实上邓小平每晚睡前都看金庸的小说。金庸自豪地说,邓小平与蒋经国晚年时的共同读物之一,是他的小说。

这位专门描述武侠(西方称之为格斗家)的小说家之所以能够取得如此令人瞩目的成就,主要在于他能立足于中国传统文化,将深刻的人生哲理和深厚的东方文化内涵熔铸于神奇而浪漫的武侠故事中。而在这些传统文化中,《周易》的作用功不可没。在此,我们仅举其在武打招式的设计中运用《周易》的例子，以见其一斑。

和西方小说家描述的格斗家一样，金庸先生笔下的武林高手之间的格斗，既有赤手空拳的比试，也有刀剑棍棒的厮杀。但无论是在招式上还是在兵器上，金庸先生的描写都要繁盛得多。这也是由东西方不同的文化背景造成的。

在冷兵器时代的格斗术，西方注重的是勇敢和力量，所谓"横的怕愣的，愣的怕不要命的"，而东方强调的是技术。

单就兵器方面来讲，西方主要的兵器是剑，而中国则有所谓的十八般武器。这十八般武器，中国的古典小说《水浒传》中提到的有下列十八种：

矛、锤、弓、弩、铳、鞭、锏、剑、链、

挝、斧、钺、戈、戟、牌、棒、枪、扒。①

就格斗来讲，西方则主要是指拳击，就是用双拳、直拳、左勾拳、右勾拳，就那么几下子，以速度和力量决胜负。而中国的武术家，除了也用拳头外，头、肘、掌、臂、指、膝、腿、脚，甚至发辫、屁股等，都可以对敌实施攻击，而且每一种器官都有不同的招式，形成了众多的武术流派。有的流派擅长用拳，有的擅长用掌，有的擅长用脚。用脚的流派甚至有"手是两扇门，全靠脚打人"的说法——手是用来防卫的，攻击敌人用的是脚。因而，在武侠小说的格斗描写上，西方小说家对格斗过程的描写往往很简略，因为来来回回就那么几下子，没什么可发挥的，如大仲马的《三个火枪手》中描述的第一场决斗：达

---

① 十八般武器的说法在中国古代有多种，除《水浒传》的说法外，还有一说是：刀、枪、剑、戟、棍、棒、槊、镋、斧、钺、铲、钯、鞭、锏、锤、叉、戈、矛；另一说是：弓、弩、枪、刀、剑、矛、盾、斧、钺、戟、鞭、锏、挝、殳、叉、耙头、绵绳套索、白打（拳击）。

尔大尼央在旅馆前同店老板、伙计的战斗，最激烈的格斗描写也就这么几句：

> 而达尔大尼央是个决不讨饶的汉子，所以战斗又继续了几秒钟；最后达尔大尼央精疲力竭，手里的剑被人一棍子打成了两段，他只得丢了它。另外一棍子打破了他的额头，他顿时倒在地下，浑身是血，几乎晕了过去。①

再如达尔大尼央与三个火枪手对阵红衣主教的五名卫兵的格斗，应该是非常激烈的大阵仗了，大仲马对此过程的精彩描写也不超过四百字：

> （达尔大尼央）他像一只狂怒的老虎似地打起来，绕着他的对方围攻了十来个圈子，把自己的姿势和立脚点变换了二十来次。茹

---

① （法）大仲马（A. Dumas）著，李青崖译：《三个火枪手》第一章，上海译文出版社，1978年，第12页。

萨克,当时的人都说他最爱击剑,经验丰富;然而这一回,他费着极大的事来抵御对方,因为对方敏捷地跳来跳去,不断地避开成法,同时从四面八方进攻……茹萨克指望结束战斗,就伸长右腿朝前跨了一大步俯下整个身子,向着对方使劲刺了一剑;而对方往下一格就躲开了,并且趁茹萨克重新站直身子的时候,像一条蛇似地在茹萨克的剑底下溜过去,伸起自己手里的剑一下就把茹萨克的身子刺了一个对穿。茹萨克就如同一堆东西似地倒在了地上。①

反观金庸的作品,他立足于中国的传统文化,借助在人们心目中充满神秘的《周易》,构思出了许多亦真亦幻的武打招式,"从而一改传统武侠单纯的舞刀弄棒的面貌,让读者在刀光剑影中欣赏到中华武功的神奇美妙,感受到中国武学的博大

---

① (法)大仲马(A. Dumas)著,李青崖译:《三个火枪手》第五章,上海译文出版社,1978年,第71页。

精深，认识到中国文化的源远流长"①。

如《飞狐外传》中胡斐的"四象步"、《倚天屠龙记》中昆仑派的"两仪剑法"与华山派的"反两仪刀法"等武功名称，都来自《周易·系辞传》：

太极生两仪，两仪生四象，四象生八卦。

又如，在《射雕英雄传》《天龙八部》等几部小说中描述的丐帮帮主绝技"降龙十八掌"，有十七掌的名称都来源于《周易》，详见下表：

招式	名称	出处
第一式	亢龙有悔	《乾》卦上九："亢龙有悔。"《象》曰："'亢龙有悔'，盈不可久也。"
第二式	飞龙在天	《乾》卦九五："飞龙在天，利见大人。"《象》曰："'飞龙在天'，大人造也。"

---

① 丁世忠：《金庸小说与周易》，《广西社会科学》2004年第2期。

招式	名称	出处
第三式	见龙在田	《乾》卦九二："见龙在田，利见大人。"《象》曰："'见龙在田'，德施普也。"
第四式	鸿渐于陆	《渐》卦九三："鸿渐于陆，夫征不复，妇孕不育，凶。利御寇。"《象》曰："'夫征不复'，离群丑也。'妇孕不育'，失其道也。利用御寇，顺相保也。"
第五式	潜龙勿用	《乾》卦初九："潜龙勿用。"《象》曰："'潜龙勿用'，阳在下也。"
第六式	利涉大川	《同人》卦："同人于野，亨。利涉大川。利君子贞。"
第七式	突如其来	《离》卦九四："突如其来如，焚如，死如，弃如。"《象》曰："'突如其来如'，无所容也。"
第八式	震惊百里	《震》卦："震，亨。震来虩虩，笑言哑哑，震惊百里，不丧匕鬯。"《彖》曰："'震，亨。震来虩虩'，恐致福也。'笑言哑哑'，后有则也。'震惊百里'，惊远而惧迩也。出可以守宗庙社稷，以为祭主也。"《象》曰："洊雷，震。君子以恐惧修省。"
第九式	或跃在渊	《乾》卦九四："或跃在渊，无咎。"《象》曰："'或跃在渊'，进'无咎'也。"
第十式	双龙取水	出处不详，或说出自佛教故事。

招式	名称	出处
第十一式	终日乾乾	《乾》卦九三："君子终日乾乾，夕惕若厉，无咎。"《象》曰："'终日乾乾'，反复道也。"
第十二式	时乘六龙	《乾》卦《彖》曰："大哉乾元，万物资始，乃统天。云行雨施，品物流形。大明终始，六位时成，时乘六龙以御天。乾道变化，各正性命。保合大和，乃利贞。首出庶物，万国咸宁。"
第十三式	密云不雨	《小畜》卦："小畜，亨。密云不雨，自我西郊。"《彖》曰："小畜，柔得位而上下应之，曰小畜。健而巽，刚中而志行，乃亨。'密云不雨'，尚往也。'自我西郊'，施未行也。"《象》曰："风行天上，小畜。君子以懿文德。"
第十四式	损则有孚	《损》卦："损，有孚，元吉。无咎，可贞。利有攸往。曷之用，二簋可用享。"《彖》曰："损，损下益上，其道上行。损而'有孚，元吉。无咎，可贞。利有攸往。曷之用，二簋可用享'，二簋应有时，损刚益柔有时，损益盈虚，与时偕行。"
第十五式	龙战于野	《坤》卦上六："龙战于野，其血玄黄。"《象》曰："'龙战于野'，其道穷也。"

招式	名称	出处
第十六式	履霜冰至	《坤》卦初六:"履霜,坚冰至。"《象》曰:"'履霜,坚冰',阴始凝也。驯致其道,至坚冰也。"
第十七式	群龙无首	《乾》卦用九:"见群龙无首,吉。"《象》曰:"用九,天德不可为首也。"
第十八式	神龙摆尾	《履》卦六三:"眇能视,跛能履,履虎尾,咥人,凶。武人为于大君。"《象》曰:"'眇能视',不足以有明也。'跛能履',不足以与行也。咥人之凶,位不当也。'武人为于大君',志刚也。"

这些招式名称,大多数径取卦爻辞或《易传》词句,个别则进行了改编,如最后一式"神龙摆尾",金庸在《射雕英雄传》第十五回解释道:

> 这一招出自《易经》中的"履"卦,始创"降龙十八掌"的那位高人本来取名为"履虎尾",好比攻虎之背,一脚踏在老虎尾巴上,老虎回头反咬一口,自然厉害猛恶之至。后来的传人嫌《易经》中这些文绉绉的

封名说来太不顺口，改作了"神龙摆尾"。

看到这里，如果你以为金庸不过是摘来几个《周易》的词句装潢一下门面，那你就大错特错了。实际上，金庸对《周易》有独到的理解，这些卦爻辞、《易传》词句的借用，无不反映出他的匠心独运。比如这"降龙十八掌"，第一、二、三、五、九、十一、十二、十七这八招的名称都取自《乾》卦，如果是一般的作家，也许会把《乾》卦卦辞原封不动地按顺序搬来作招式名称，这样做就显得太肤浅了。金庸没有这样做，他不仅打乱了《乾》卦爻辞的原顺序，而且还别出心裁地把《乾》卦的最后一爻"亢龙有悔"作为第一招，这实际上体现了金庸对武术、对人生待人处事的独到理解，他要用这一招向人们传输"戒骄戒躁"的中国古老智慧。

《易传》中的《文言传》对"亢龙有悔"是这样解释的：

> 亢之为言也，知进而不知退，知存而不知亡，知得而不知丧。

如果一个人只知道一味地前进，不知道该退的时候还要后退一步，只知道一味地贪求便宜，不知道贪小便宜可能会吃大亏，那他就危险了。聪明人是不会这样干的。

《文言传》用"亢龙有悔"的喻义告诫人们要戒骄戒躁，否则就会容易导致失败，到时后悔也来不及了。

金庸借用洪七公的口，做出了自己的诠释：

> 这一招叫作"亢龙有悔"，掌法的精要不在"亢"字而在"悔"字。倘若只求刚猛狠辣，亢奋凌厉，只要有几百斤蛮力，谁都会使了。这招又怎能教黄药师佩服？"亢龙有悔，盈不可久"，因此有发必须有收。打出去的力道有十分，留在自身的力道却还有二十分。哪一天你领会到了"悔"的味道，这

一招就算是学会了三成。好比陈年美酒，上口不辣，后劲却是醇厚无比，那便在于这个"悔"字。

这是降龙十八掌的第一招，更是练武的总则。其实，做人又何尝不是如此呢？我们常常说做事要留有余地，就是讲的这个道理。金庸先生就是按照这个原则来塑造郭靖这个人物形象的。这个当初"笨得到了姥姥家"（洪七公原话）的、本性温良敦厚的郭靖，就是领会了"亢龙有悔"的道理，才慢慢走上武学之路，最后成为武学大家的。

我们看军事题材的电影，知道特种兵有一套精确描述方位的方法，那就是时钟方位法，十二点整表示正北，一刻钟表示正东，十分钟位置就表示北偏东一点，依次类推。

其实，在中国古代方术界，也有一套独特而又复杂的方位表示法：天干地支、五行八卦和六十四卦方位法。八卦方位是用《乾》《坤》《坎》

《离》《震》《艮》《巽》《兑》八卦表示东、南、西、北、东北、东南、西南、西北八个方位,术语叫"四正四维"。

六十四卦方位就是用六十四卦代表一个圆圈(相当于一个表盘),每卦表示一个方位。当然,八卦和六十四卦还有"先天""后天"的不同,表示的方位也有不同,比较复杂,我们就不细说了。

十天干(甲乙丙丁戊己庚辛壬癸)、十二地支(子丑寅卯辰巳午未申酉戌亥)各有五行(金木水火土)属性,五行又和时间、方位有对应关系,时空一体。这样,天干地支、五行八卦和六十四卦就被术士们组成了一个十分繁杂的时空体系。别说外国人一听就头大了,就是现在的中国人,完全明白的也没几个。我们知道了这一现象,对于金庸小说中的一些说法就能理解了。

比如《笑傲江湖》第十回写令狐冲被罚到华山思过崖面壁思过,得到风清扬传授的至高剑法"独孤九剑",其总诀中有这么几句:

> 归妹趋无妄,无妄趋同人,同人趋大有。甲转丙,丙转庚,庚转癸。子丑之交,辰巳之交,午未之交。风雷是一变,山泽是一变,水火是一变。乾坤相激,震兑相激,离巽相激。

据说以上这一段话是取自民国年间宋惟一著的《武当剑谱》,其中的"归妹""无妄""同人""大有"等都是《周易》六十四卦的卦名。

所谓的"归妹趋无妄"是指剑从"归妹"这一方位到"无妄"这一方位划一个弧,依此类推。

后面的甲、丙、庚、癸、子丑、辰巳、午未说的是天干地支,说的也是方位。再后面的风雷、山泽、水火,说的又是六十四卦方位,只不过它没直说,而是借用卦象来表示。

我们知道,六十四卦是由八卦两两相重得来的,而八卦各有卦象,乾为天,坤为地,巽为风,震为雷,艮为山,兑为泽,坎为水,离为火。"风雷"指《益》卦,"山泽"指《损》卦,"水火"指《既济》卦。只不过这几句是仅讲六十四卦方位,还是另有深意,我们局外人就很难确知了,因为这几句和后面的"乾坤相激,震兑相激,离巽相激",很明显是源自《周易·说卦》:

> 天地定位,山泽通气,雷风相薄,水火不相射,八卦相错。

《说卦》的这几句是讲八卦之间是相互联系的,有辩证法的道理在里边。

在金庸的小说中,以《周易》卦名营造武功神秘气氛的地方还有很多。如《书剑恩仇录》第十七回写袁仕霄与张召重口头比武,只把招式说出来,而不用动手,就如两个中国象棋的高手下盲棋一样:

> 只听袁仕霄道:"右进明夷,拿期门。"张召重道:"退中孚,以凤眼手化开。"袁仕

霄道："进既济，点环跳，又以左掌印曲垣。"
张召重神色紧迫，顿了片刻，道："退震位，又退覆位，再退未济。"

这里写的"明夷""中孚""既济""震""覆""未济"等都是用六十四卦名来表示进攻的方位，"期门""环跳""曲垣"则是人身上的穴位。

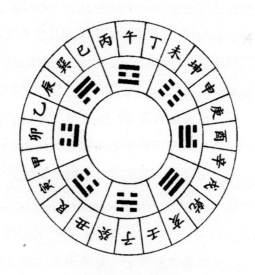

天干地支八卦方位图

二人虽是口头比试，但金庸借助六十四卦的方位，把这场比试描述得生动形象。"不战而屈人之兵"，看来美军的威慑战术，金庸他老人家也很精通。

再如金庸在《天龙八部》中虚构的另一种功夫"凌波微步"，其名出于三国时曹操的儿子曹植的《洛神赋》。

"凌波微步"的原意是形容洛水之神体态轻盈，浮动于水波之上，缓缓行走，金庸借来命名一种神奇的轻功。

这种轻功步法精妙异常，使用者依照《周易》六十四卦的方位，从第一步到最后一步正好行走一个大圈。对敌时跃前纵后、左躅右闪，只要按特定顺序踏着卦象方位行进，就无须顾忌对手的存在，敌人再多也不可怕。

当然，金庸先生在小说中运用《周易》的方法是多方位的，除了武打招式之外，从人物形象的设计、人物命运的安排、故事情节中的元素设置，至小说要传达的"积德行善"的道德追求等

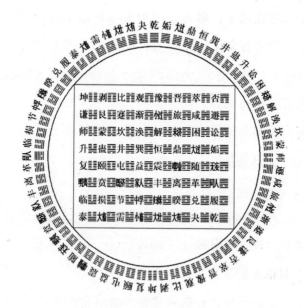

先天六十四卦方圆图

方面,都有《周易》的影子。关于这一点,丁世忠先生在《周易研究》2004年第2期发表有专文《金庸小说与〈周易〉》论述,有兴趣的朋友可参看。

正如丁先生所说,金庸先生"对儒家、道家都视为经典的《周易》有着独到的见解和把握,并将《周易》学说融入到他武侠世界的武功、生活和理想之中,融入到对历史和现实、人性和人生、社会与文化、英雄与人格等的思考之中,因此他的作品具有了丰富的文化内涵,达到了雅俗共赏的至高境界,读者在阅读他的作品时,不仅能欣赏到曲折动人的故事情节,更能受到中国传统文化的熏陶"。

(二) 流行歌曲《卜卦》中的《周易》

《卜卦》是歌手崔子格演唱的一首歌颂爱情的歌曲,其曲调用的是韩国歌手淑熙于2010年8月10日推出的个人单曲《啦啦啦》的曲调,歌词则是陈立志新填的。两首歌词都是歌唱爱情的。原歌词描述失恋的痛苦,感情强烈,但非常直白。新歌词则是描述恋人的离别之痛,感情委婉忧伤,与原歌词相比,意境上提高了许多。《卜卦》歌词如下:

风吹沙 蝶恋花 千古佳话
似水中月 情迷着镜中花
竹篱笆 木琵琶 拱桥月下

谁在弹唱 思念远方牵挂

那年仲夏 你背上行囊离开家

古道旁 我欲语泪先下

庙里求签 我哭诉青梅等竹马

求 菩萨保佑我俩

不停的猜 猜 猜 又卜了一卦

吉凶祸福 还是担惊受怕

对你的爱 爱 爱 望断了天涯

造化弄人 缘分阴错阳差

风吹沙 蝶恋花 千古佳话

似水中月 情迷着镜中花

竹篱笆 木琵琶 拱桥月下

谁在弹唱 思念远方牵挂

那年仲夏 你背上行囊离开家

古道旁 我欲语泪先下

田里庄稼 收获了一茬又一茬

而 我们何时发芽

不停的猜 猜 猜 又卜了一卦

吉凶祸福 还是担惊受怕

对你的爱 爱 爱 望断了天涯

造化弄人 缘分阴错阳差

猜 猜 猜 又卜了一卦

是上上签 可还是放不下

对你的爱 爱 爱 挨过几个冬夏

日夜思念 祈求别再变卦

  作者首先用"风吹沙""蝶恋花""水中月""镜中花"等古诗用语烘托一种淡淡忧伤的气氛，为全歌定下哀怨的基调。紧接着用"竹篱笆，木琵琶，拱桥月下"打开人们想象的空间：朦胧的月光下，一弯拱桥似隐似现，用竹篱笆围着的农家小院里，一位姑娘弹着琵琶，轻声吟唱，诉说着对远方心上人的思念。心上人离家许久了，现在情况怎么样了？变心了吗？求好怕坏，万般无奈之下，到庙里祷告菩萨保佑。还是不放心，就又卜了一卦，即便得到了一个"上上签，可还是放不下"，祈求心上人不要变卦。源自《周易》的"卜卦"和"变卦"是这首歌词的核心，特别是"变卦"这个词,语带双关,更是全词的点睛之笔。

"卜"的本义是指的龟卜,即用灼烧乌龟壳的方法,根据其裂纹断定吉凶,"卜"就是一个象形字。"卦"指的是算卦,即用蓍草演算出八卦,据以断定吉凶,这种方法又称之为"筮"。商代用龟卜,安阳殷墟出土了大量龟卜的龟甲,上面有记录占卜结果的文字,称为"甲骨文"。周初龟卜和筮法兼用,所以"卜""筮"并称。其后,龟卜渐渐失传,筮法则越来越兴盛。到了汉代,连最有学问的司马迁也不了解龟卜的详情了,司马迁想要为龟卜作传而未能做成,所以《史记》原本有《龟策列传》之目录而未有正文,现《龟策列传》文字是后来的褚少孙补的,内容芜杂,不成体系,而且有"龟"无"策"("策"指筮法用的筹策)。龟卜法虽然失传了,但"卜""筮"连用的说法习延了下来,以至于后来所有预测吉凶的说法都被俗称为占卜、算卦,简称"卜卦"。

"变卦"这一现代常用词,指已定好的事或说法，突然又改变了，其来源则是正宗的《周易》筮法。

我们知道，传说中《易》有"三易"之别，夏曰《连山》，殷曰《归藏》，周曰《周易》，虽说都用八卦占卜，但用法与用语都不同，《左传》《国语》和清华大学收藏的出土竹简中都记载有不同的筮法。今本《系辞》里的"大衍"筮法被后世公认为《周易》的正宗筮法：

> 大衍之数五十，其用四十有九。分而为二以象两，挂一以象三，揲之以四（四个四个地数，相当于除以四）以象四时，归奇于扐（手指间）以象闰，五岁再闰，故再扐而后挂。
>
> 是故四营而成易，十有八变而成卦。八卦而小成，引而伸之，触类而长之，天下之能事毕矣。

由于这几句话过于简略，很容易引起人们的

歧解，比如"挂一以象三"的这个"一"从哪里取、置于何处、最后怎么算等，异议就很多。宋代朱熹在其《原本周易本义》卷末专门做了一篇《筮仪》，对"大衍"筮法做了解释：

> 出蓍于椟，去囊解韬，置于椟东。合五十策，两手执之（"大衍之数五十"）。……乃以右手取其一策，反于椟中（一根蓍草不用，"其用四十有九"）。而以左右手中分四十九策，置格之左右两大刻（随意分开。"分而为二以象两"）。次以左手取左大刻之策执之，而以右手取右大刻之策，挂于左手之小指间（这后半步比附"挂一以象三"，于筮数的推演似乎意义不大）。次以右手四揲左手之策，次归其所余之策，或一或二或三或四而扐之左手无名指间（"归奇于扐"）。次以右手反过揲之策于左大刻，遂取右大刻之策执之，而以左手四揲之。次归其所余之策如前，而扐之左手中指之间（"五岁再闰，故再

扐而后挂")。次以右手反过揲之策于右大刻,而合左手一挂二扐之策,置于格上第一小刻,是为一变(这一"变"经过了"分、挂、揲、扐"四个步骤,即"四营而成易")。再以两手取左右大刻之蓍合之,复四营如第一变之仪,而置其挂扐之策于格上第二小刻,是为二变。又再取左右大刻之蓍合之,复四营如第二变之仪,而置其挂扐之策于格上第三小刻,是为三变。三变既毕,乃视其三变所得挂扐过揲之策而画其爻于版。如是每三变而成爻(经过三变之后剩下的本数,不外二十八、三十二、三十六、二十四四种情况。各除以四,便得出七、八、九、六四个数。奇数是阳爻,偶数是阴爻),凡十有八变而成卦。乃考其卦之变而占其事之吉凶。

七、八是少阳少阴,九、六是老阳老阴。《周易》的占卦原则是老变少不变,筮得的爻数如果是九或六(筮法上称为"动爻"),就要阴变阳、阳变阴。爻一变,卦也就变了。占筮术语中,初筮所得的卦称为"本卦",爻变后所得的卦称为"之卦"。卦变了,预示着占卜的结果也要改变。朱熹在《周易启蒙》中曾归纳出七条变卦占卜规则:

(1) 一爻变者,以本卦变爻爻辞占。

(2) 二爻变者,以本卦二变爻爻辞占,以上爻为主。

(3) 三爻变者,以本卦及之卦卦辞占,以本卦卦辞为主。

(4) 四爻变者,以之卦中二不变爻爻辞占,以下爻为主。

(5) 五爻变者,以之卦中不变爻爻辞占。

(6) 六爻全变者,乾坤两卦以用九和用六占,并参考之卦卦辞。余六十二卦占以之卦卦辞。

(7) 六爻全不变者,以本卦卦辞占。

比如，通过占筮得到一个地天泰卦（坤上乾下），如果六爻都是少阳（爻数是七）或少阴（爻数是八），无变爻，就用本卦的卦辞占卜："小往大来，吉，亨。"如果六爻都是老阳（爻数是九）或老阴（爻数是六），六爻全变，成天地《否》卦（乾上坤下），就用之卦的卦辞占卜："否之匪人，不利君子贞；大往小来。"

这首歌词里的"变卦"，就是一个内涵丰富的双关语：一方面指姑娘求得的一个上上签的卦（比如《泰》卦），希望不要有变爻，变成一个不好的卦（比如《否》卦）；另一方面则指心上人不要因情况的改变而变心。一个"变卦"把姑娘焦灼郁结的心情全体现出来了。

第四章 《周易》的哲学思想是中国文学批评理论的滥觞

一、《周易》与中国文论经典《文心雕龙》的创作

《周易》，准确来说是《易传》，和中国传统的文学批评理论有着深切的联系，几乎在每一部古代文论著作里面，都要直接或间接地引述《周易》中的辞句来论证作者的思想。

例如,《系辞传》中的"圣人之情见乎辞"这一观点,被很多人引用来论述思想感情与文辞的关系;"修辞立其诚",则被人们引用来说明文章与真实的关系。这方面最突出的代表是南北朝时期的刘勰(约465—520)。

刘勰的原籍属于当时的东莞郡莒县,即今山东省莒县。但他出生在京口,即今天的镇江。因为家里穷,所以刘勰后来就到位于京城(今南京市)的定林寺跟著名高僧僧佑学习佛经和儒家经典。

当时的定林寺藏书很多,除了佛经外,儒家经典、诸子百家的著作也有不少。大约在刘勰三十二岁的时候,有一天他做了一个美妙的梦,梦见他拿着一些祭祀用的礼器跟着孔子南行,就像孔子当年的弟子那样。他觉得这是圣人给他的暗示,是要他弘扬儒学。

在那个时代,弘扬儒学最好的办法就是注释儒家经典,但刘勰意识到这些事已被东汉硕儒马融、郑玄等做过了,而且做得非常好,博大精深,自己再怎么努力也不可能超越他们。于是他就打消了这个念头，转而去做另外一件非常有意义的事情——评论文章。

刘勰发现当时有很多评论文章优劣的作品，像曹丕的《典论·论文》、陆机的《文赋》、挚虞的《文章流别论》等等，这些文章虽然写得都蛮不错，但不是太少就是太简略，难以让人窥见写文章的全部奥秘。

于是刘勰开始构建自己宏大而缜密的文论体系，花了五年多时间，写成了三万七千多字的可称得上是中国文论巅峰之作的《文心雕龙》。这部著作，无论从形式上还是内容上，都深受《周易》的影响。

从形式上来看，《文心雕龙》正文有四十九篇，序一篇，共五十篇。四十九篇正文专门论述与文章相关的具体问题，最后一篇序阐明写本书的缘由及全书内容的安排。之所以要写成五十篇，刘勰说这是遵循《周易》的"大衍"之数：

大衍之数五十,其用四十有九。

即用来演算《周易》的蓍草有五十根,但实际用上的是四十九根。

在行文当中,他还大量引用或化用《周易》的词句来说明他的观点。朱伯崑教授指出:

> 《文心雕龙》一书,直接以《周易》的思想为根本,建立了中国历史上十分系统的文学理论。刘勰对《周易》的思想有很深入

刘勰像

的理解，《周易》的许多重要观点都被他运用到了文学上。其中最显著的是：用"天文""人文"的思想论述文学美的根源，极大地肯定文学的美的价值；用"刚健"的思想解释文学上的"风骨"，大力推崇"刚健"之美；用"通变"的思想说明文学的发展，主张不断变化创新。经过刘勰的阐发，《易传》的思想深深地渗入到了文学之中，成为历代讨论文学问题的重要依据。①

不仅如此，刘勰提出的"辞约而旨丰，事近而喻远""隐之为体，义主文外""文外之重旨""使玩之者无穷，味之者不厌"等说法，明显是对《周易》"立象以尽意"（《系辞上》）观点的继承与发挥。

---

① 朱伯崑：《易学基础教程》，广州出版社，1993年，第422页。

二、"立象以尽意"的创作方法为中国文人所推崇

"立象以尽意",是《易传》中的一个重要命题。历史上许多易学家都认为,《周易》是一部讲天、地、人之道的哲理书,但这"理"不是被直白地表述出来,而是通过"象"这一特殊的形式显现出来。

"象"包括用图形表示的卦画和用文字表示的卦辞和爻辞,是《易经》的基本表现形式和手段。它既指"乾为天、为君、为父"之类的八卦之象,还指八卦两两重合而成的六十四卦之象,还包括"潜龙勿用"之类卦爻辞所描述的各种现象。

人们在解《易》时,往往是把八卦之象与六十四卦之象综合起来运用,把一部《周易》解释得玄之又玄,使人如坠五里雾中,摸不着边际。

这种用"象"解《易》的方法在汉代末期被

人发挥到了极致，生拉硬扯、过度诠释成了解《易》的普遍现象，甚至有些人解《易》只是为了找"象"而找"象"。

到了魏晋时期的王弼（226～249），他终于无法再忍受这种现象了。他提出，既然《周易》是说"理"的，圣人设立卦"象"的目的也是为了说明这个"理"的，那么人们就应该重点去探寻这个"理"。得到了这个"理"，"象"就不重要了，可以放在一边不用理会了。象是媒介，意才是主旨，所以贵在意会。这就是王弼"得意而忘象"的著名论断。

这个论断和《系辞传》"其称名也小，其取类也大"（表面上提到的事物虽微不足道，但它背后所隐喻的道理却很远大）的观点结合在一起，成了刘勰以小见大论的最好注脚。这一观点，也极大地影响了中国此后一千多年的文艺评论与创作。

这种"以象喻理""意在言外"的表现方法，从此成为我国文学的重要表现手法，被历代文人重视，尤其是在诗歌创作和评论中表现得更明显。

历代诗论家都主张"人贵直，诗贵曲"（做人要正直，不要搞阴谋诡计，但作诗就要讲究曲折含蓄，不要平铺直叙），多强调"语不欲犯（语言不能直接说出题旨），思不欲痴（思维不能像伦理思辨那样痴滞呆板）"。他们认为，如果一首诗把人的感情、想法直白地表述出来，就太过浅显，让人一看就透，不能使人生发联想。诗人应该把所要寄托的情感、思想隐含在委婉的诗句下面，让人经过反复讽咏之后，才恍然体会出诗人的真意。这种豁然开朗的感觉会让读者兴高采烈，情不自禁地手舞足蹈起来，这才是诗歌的最高境界。南宋著名理学家朱熹（1130~1200，江西省婺源人）的《观书有感》，可说是这方面的代表：

半亩方塘一鉴开，
天光云影共徘徊。
问渠那得清如许，

为有源头活水来。

方塘：方形的水塘。鉴，镜子。古时候，镜子用镜袱盖上，用时打开。一鉴开，像一面镜子被打开。"半亩方塘一鉴开"，用镜子作比，形容方塘极其清澈，像一面镜子被打开。"天光云影共徘徊"，天光和云影一齐映入水塘，不停地晃动，描写清澈方塘中倒映的美好景致。渠，它，指水塘。那，即后来的"哪"，怎么。如许，如此，这样。为，因为。"问渠那得清如许"，问那方塘的水怎么会这样清澈，因为有活水从源头不断流来。

这是一首借景喻理的名诗。如果仅就诗句的文字内容来看，好像是要描述一个清澈的池塘，但我们看一下诗题《观书有感》，就可以马上想到，其文字下面还有一层意思。

书是长方形的，所以说诗人将书比作"半亩方塘"。池塘并不是一泓死水，而是常有活水注入，因此像明镜一样，清澈见底，映照着天光云影。"天光""云影"，比喻书中的内容。

整首诗前两句写景,后两句议论,一问一答,没用一个"书"字,却形象地表达了诗人读书有悟有得时的那种灵气流动、思路明畅、精神清新活泼而自得其乐的读书感受。

读到此,也许你会情不自禁地赞叹作者的取譬之巧、设喻之妙。但这难道就是此诗的全部吗?绝不止如此!

"问渠那得清如许,为有源头活水来"两句,给我们提供了更多的想象空间。池水如此清澈,是因为有源头活水不断注入,我们的思想要想永远活跃,就要以开明宽阔的胸襟,接受种种不同的思想、知识,广泛包容……

与中国文论相反,西方文论则强调真实的再现、摹仿和写实。柏拉图以及他的学生亚里士多德都认为文学艺术是对现实的摹仿,莎翁也把艺术视为人生的"镜子";巴尔扎克要像"书记"一样用文学作品记录历史。在诗歌创作上,西方的作家也多侧重于真情实感的直接表达,如罗伯特·彭斯(Robert Burns, 1759~1796)的《一朵

鲜红鲜红的玫瑰》(*A RED, RED ROSE*):

O my luve is like a red, red rose,
That's newly sprung in June;
O my luve is like the melodie,
That's sweetly played in tune.

As fair thou art, my bonie lass,
So deep in luve am I;
And I will luve thee still, my dear,
Till a' the seas gang dry.

Till a' the seas gang dry, my dear,
And the rocks melt wi' the sun;
And I will luve thee still, my dear,
While the sands o'life shall run.

And fare thee weel, my only luve,
And fare thee weel a while;

And I will come again, my luve,

Tho's it were ten thousand mile!

啊,我的爱人就像那鲜红鲜红的玫瑰,

绽放在盛夏的六月里;

啊,我的爱人又像那轻快的舞曲,

弹奏在优美的旋律里。

你是如此的美丽,我的宝贝,

我深深地爱着你;

永不变心,

直到那海枯石烂。

直到那海枯石烂,

亦或是那石烂海枯;

我的爱永不尽,

只要生命的沙漏在流淌。

再会,我的宝贝,

分离是暂时的;

我会回来的,我的宝贝,

即便是万水千山。

诗人把心爱的人比作一朵鲜红的玫瑰，用热情奔放的语言，直白无误地表达诗人即使海枯石烂也永不变心的爱。诗人所有的情感都一览无余地抒发出来了，读来当时就能使人激情澎湃，但他所有要表达的内容也都在这里了，读者也就没有一点回味的必要了。

从某种意义上来说，传统的西方文学就好比灿烂的烟花，施放出来，马上就能以绚丽的色彩吸引人们的目光，引起人们阵阵的欢呼，但这种激情可能会随着炫丽的消失而很快减退。中国的古诗则像一杯幽香暗含的醇酒，表面上看着不起眼，但喝下去，越品越有味。

三、从绘画理论中反观中国文论对"意境"的追求

就艺术表达方面来说，诗画是相通的，我们还可以通过绘画来直观地展现中西方对艺术的不

同追求。

《周易》"立象尽意""以小喻大"的主张在传统中国绘画上也被发挥得淋漓尽致。

据说齐白石(1864—1957)91岁时,作家老舍(1899—1966,本名舒庆春,字舍予,老舍是他常用的笔名)来访,他以清代诗人查初白的诗句"蛙声十里出山泉"为题,请齐白石作画。诗句的字面意思很浅显,要是换作他人,也许就在怪石边画出一泓山泉,再在旁边画出几只鼓圆腮帮大叫的青蛙就算完事了。

白石先生认为这样的构思太俗了,经过几天思考后,齐白石一挥而就。画面十分简单,一个四尺的立轴,画面上一条小溪,溪水从长满青苔的乱石中泻出,几只逗人喜爱的小蝌蚪在流水中嬉戏,摇曳着小尾巴,顺流而下。高处有几笔淡淡的远山。高!妙!不愧是画坛高手!整幅画不见一只蛙,蛙声却如在耳边。画有尽而意无穷,意在画外。

从这里我们也可以看出,中国画追求的是一

种"意境",一种神似,强调的是画面背后所隐含的作者的一种内心追求、情操,所以中国画的主题多为山水和花草。山水寄托的是作者隐逸避世、远离凡尘、追求宁静生活的情怀。花草则多为被中国人称为四君子的梅兰竹菊,寄托的是作者对这四种植物所代表的内在品质的追求:

梅花不屑与凡桃俗李在春光中争艳,而是在天寒地冻、万木不禁寒风时,独自傲然挺

齐白石 《蛙声十里出山泉》

立，在大雪中开出满树繁花，幽幽冷香，随风袭人。它代表的是一种孤清自赏的品格，表达的是一种在严酷的环境条件下坚守信念的顽强精神。

兰花生长在深山野谷，不以无人而不芳，以清婉素淡的香气长葆本性之美。它代表的是一种不求仕途通达、不沽名钓誉，在隐居中独守情操的高雅精神。

竹子挺拔劲节，青翠欲滴，婆娑可爱。它未曾出土先有节，至凌云处尚虚心，宁折不弯，能够表达君子坚贞不屈的品质、操守，谦虚而刚毅的精神。

菊花于深秋百花凋落时，还可以傲霜雪而开放，即使枯干残败犹有抱霜枝，能够表达君子在困难来临时的勇敢精神。

清代著名画家郑板桥一生主画梅兰竹菊，画过许多"四君子图"，任选两幅，以与梵·高的向日葵作一比较，中西画法的各自特点就凸显出来了。

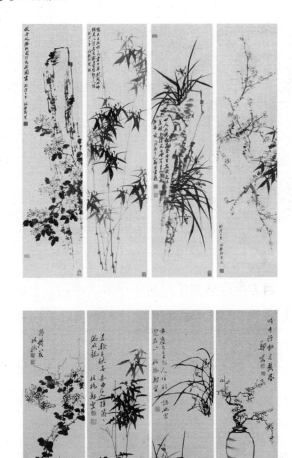

郑板桥　《四君子图》

梵·高《向日葵》

西方的绘画理论则与中国画大不同,他们更强调形似、逼真,内容也多以人物肖像或宗教题材为主。当然,他们也有被称为静物的花草画,但画法也是以逼真为主,如梵·高所画的十几幅向日葵。英国伦敦大学玛丽女王学院做了一个有趣的研究:让一群从来没见过真花的蜜蜂"欣赏"四幅色彩绚烂的名画复制品,看看蜜蜂反应如何。结果发现,梵·高的油画《向日葵》特别受蜜蜂青睐。大师笔下惟妙惟肖的向日葵竟让蜜蜂信以为真。蜜蜂多次停落在"向日葵"上,想品尝其中的"花蜜"。

　　但是,除了"向日葵"真的很像向日葵外,读者还能得到什么呢?

结　语

绵延数千年的《周易》文化，以其自身的丰富内涵和玄妙哲理，影响了中国人的价值追求和思维方式，并进而影响了中国人的文学创作和欣赏。它戒恶劝善，强调自身德性修养的核心价值观，更是中国文学一直倡导的主旋律。《周易》必将以其无穷的魅力继续为中国文学的创作提供营养，制定范式。